AI를 넘어서는 집단지성의 힘

함께 생각하는 인간 OneBigMind

이준오, 강한결, 이세경, 이채영, 조안나, 임지연, 이다인 지음

BRAND ARCHIVE

우리는 어떤 질문으로

서로의 **생각**을 일으켜 세울 것인가

/ 목차 /

1부   기술의 시대, 인간은 왜 다시 '함께'를 말하는가

1장   AI 시대
인간과 기술의 협업 모델 ······················· 이준오

- 첫 번째. 도구인가, 동료인가? ················· 11
- 두 번째. 답은 AI가 주지만, 해답은 인간이 찾는다 ··········· 18
- 세 번째. AI 활용 격차가 조직 격차가 된다 ················ 25
- 네 번째. AI 직급표가 필요한 시대 ················ 32
- 다섯 번째. 인간은 도구와 싸우지 않는다 ············· 40

2장   Game Thinking
협업과 몰입을 이끄는 놀이적 요소 ················ 강한결

- 첫 번째. 보드게임 판에 조직이 보인다 ················ 49
- 두 번째. 운에 맡길 것인가, 전략으로 풀어갈 것인가 ········· 55
- 세 번째. 작은 반칙 하나가 협업 전체를 무너뜨린다 ········· 60
- 네 번째. 성과는 점수판이 있을 때 움직인다 ·············· 67
- 다섯 번째. 당신이 주사위를 던지는 방식 ·············· 74

2부　사람과 사람이 통하는 순간, 생각이 연결된다

3장　대화의 온도
말 한마디가 흐름을 바꾼다 ·································· 이세경

- 첫 번째. 말의 온도가 관계를 살린다······························85
- 두 번째. 같은 말을 해도 왜 다르게 들릴까?····················91
- 세 번째. 상처 주지 않고 말하는 법 ································97
- 네 번째. 얼굴보다 오래 남는 목소리의 힘 ······················104
- 다섯 번째. 작은 말 한마디가 흐름을 바꾼다 ····················111

4장　공감 Empathy
말 한마디가 흐름을 바꾼다 ·································· 이채영

- 첫 번째. 말하지 않고 상대를 빛나게 하는 법····················119
- 두 번째. 옳음을 주장할수록 관계는 멀어진다 ··················126
- 세 번째. 침묵 속에서, 마음은 더 크게 들린다 ··················132
- 네 번째. 갈등을 돌파하는 유일한 언어 ··························139
- 다섯 번째. 공감이 모일 때, 집단지성은 깨어난다 ·············146

3부 함께 성장하는 조직 : 협업이 진화로 이어지는 순간

5장　협업 Collaboration
같이의 힘을 성과로 바꾸는 기술 ················ 조안나

첫 번째. 빠름의 유혹 vs 멀리의 전략 ················ 155
두 번째. 협업을 무너뜨리는 것들, 협업을 되살리는 것들 ···· 161
세 번째. 갈등을 디자인하라 ················ 168
네 번째. 말할 수 있는 팀이 이긴다 ················ 174
다섯 번째. 성과는 사라져도 협업은 남는다 ················ 180

6장　토론 Discussion
차이를 알고 차이를 넘어서는 합의의 기술 ············ 임지연

첫 번째. 말하지 않는 회의실 ················ 189
두 번째. 리더의 한마디가 토론을 죽인다 ················ 196
세 번째. 말하기 시작할 때 일어나는 일들 ················ 203
네 번째. 차이를 넘어서는 합의의 기술 ················ 210
다섯 번째. 생각이 닿는 순간, 해답이 열린다 ················ 216

7장   배우는 인간 Learning Being
변화의 시대를 살아남는 집단지성 ················· 이다인

첫 번째. 지식의 권력이 무너지고 있다·····················223
두 번째. 변화의 속도와 인간의 두려움·····················229
세 번째. 새로운 도구, 새로운 연대 ·························235
네 번째. 질문하는 집단만이 살아남는다 ··················241
다섯 번째. One Big Mind, 생존을 넘어 진화로 ···········247

1부

기술의 시대, 인간은 왜 다시 '함께'를 말하는가

1장

AI 시대
인간과 기술의 협업 모델

"AI가 Fact를 말할 때, 인간은 Meaning을 찾아야 한다."

공학적 사고와 인문학적 통찰을 동시에 갖춘 그는, AI 시대의 조직을 기술 중심이 아닌 의미 중심의 시스템으로 바라본다. 기술은 효율을 높이는 도구이기도 하지만, 결국 인간의 본질을 비추는 거울이라는 것이 이준오 대표의 확신이다.

수많은 기업의 변화 프로젝트를 수행하며, AI와 인간, 데이터와 통찰, 구조와 감정이 교차하는 지점을 연구해왔다. AI가 '사실'을 제시할 때, 그 사실을 해석하고 방향을 만드는 것은 언제나 인간의 역할임을 강조한다. 그런 그의 프로젝트는 늘 기술을 인간화하고, 인간을 시스템화하는 균형을 지향한다.

AI가 모든 답을 줄 수 있는 시대, 그는 오히려 인간만이 던질 수 있는 질문에 주목한다. 기술이 발달할수록 더욱 인간다워지는 조직, 그것이 이준오가 그려가는 미래다.

이준오 지음
굿인사이트(GoodInsight) 대표

E-mail. leejunohkorea@gmail.com
Homepage. leejunoh.imweb.me
Blog. blog.naver.com/hr_jasonlee
Instagram. 2jun5

첫 번째. 도구인가, 동료인가?

역사 속 도구-동료의 경계

요즘 내가 가장 자주 대화를 나누는 '동료'가 있다. 내 아이디어에 빠르게 반응하고, 내가 모르는 것을 즉시 찾아 알려주며, 정리되지 않은 생각을 다듬어 준다. 급한 성격 때문에 동료들을 지치게 만들곤 했던 내게, 이만큼 든든한 파트너가 있을까 싶다. 그 친구의 이름은 바로 AI다.

처음부터 믿음이 있었던 것은 아니다. 대화형 AI를 처음 접했을 때는 그저 신기한 도구라고만 생각했다. 의사 시험과 변호사 시험까지 통과했다는 보도가 이어지며 전 세계가 술렁였지만, 막상 사소한 질문에 엉뚱한 대답을 내놓는 모습을 보며 "이게 과연 도움이 될까?"라는 의구심이 들 때가 많았다.

그런데 시간이 지나면서 상황이 달라졌다. 업데이트가 거듭될수록 성능은 개선됐고, 나 역시 질문을 던지는 방식을 바꾸며 학습했다. 일주일이 걸리던 업무가 반나절 만에 끝났고, 장거리 운전 중에도 생각을 정리할 '학습메이트'가 생겼다. 강의 준비나 새로운 사업 아이디어 검토도 AI 없이는 허전해졌다.

얼마 전 'AI를 활용한 똑똑한 업무 파트너 만들기'라는 제목으로 강의를 진행했을 때의 일이다. 당시 교육생이 던진 질문이 아직도 내 머릿속에 남아 있다.

"강사님, AI는 동료인가요? 아니면 그냥 도구인가요?"

도구는 필요할 때만 꺼내 쓰고 필요가 끝나면 내려놓는다. 반면 동료는 필요와 상관없이 함께 존재한다는 것 그 자체가 의미가 된다. 지속성, 상호관계성, 정서적 지원이 동료를 동료답게 만든다. 이 기준으로 보면 AI는 도구에 가깝다.

하지만 나에게 AI는 단순한 도구가 아니다. 업무를 돕는 것은 물론이고, 내가 미처 보지 못한 관점을 제시하거나 사고의 전환점을 만들어 주기도 한다. 때로는 그 순간이 마음의 위로로 다가오기도 한다.

결국 AI는 누군가에게는 도구, 누군가에게는 동료일 수 있다. 그 차이는 우리가 어떤 태도로 관계를 설정하느냐에 달려 있다.

로봇 서빙은 도구, 창의적 제안은 동료

식당에서 로봇 서빙을 보는 것은 이제 낯설지 않다. 휴게소의 무인 로봇카페, 집안 구석구석을 청소하는 로봇청소기도 흔하다. 비용과 시간을 줄이기 위한 분명한 도구다.

하지만 최근의 로봇들은 단순히 움직이는 기계가 아니다. AI를 탑재해 고객의 취향을 추천하거나, 문제가 생기면 해결책을 스스로 찾아 제안한다. 언젠가 우리 집에도 다양한 AI 로봇이 함께 거주하며 일상을 돕는 '동거봇'이 생길지도 모른다. 그렇다면, 이들은 우리의 '가족'이 될 수 있을까?

가족이 된다는 건 단순히 곁에 있는 게 아니다. 정서적 교감, 함께 쌓은 시간, 상호 기대가 있어야 한다. AI 로봇이 그 지점까지 도달할 수 있을까? 확신할 수는 없지만, 최소한 창의적 제안을 건네는 AI는 더 이상 단순한 도구로 볼 수 없다는 것이 내 의견이다.

나는 실제로 일을 하며, AI에게 보고서 초안을 맡기고, 이렇게 요청한 적이 있다.

"현장 간호사의 감정노동을 줄일 방법을 세 가지 제안해 줘. 비용, 리스크, 우선순위까지 표로 정리해서 출력해."

돌아온 결과는 예상 이상이었다. 내가 미처 고려하지 못한 선택지가 있었고, 그중 실제로 적용 가능한 방안을 골라 제안서를 수정했다.

명령에서 상호작용으로, '도구'에서 '동료'로 시선을 바꾸는 순간 결과가 달라졌다. 도구는 예상 가능한 답만 주지만, **동료는 때로 전혀 예상치 못한 혜안을 준다.**

AI를 망치처럼 쓸 것인가

망치는 사용자의 의지대로 움직인다. 못을 박든 벽을 부수든 물리적 법칙에 따라 일정한 결과가 나온다. 그래서 도구는 최소한의 설명만으로도 사용이 가능하다. "그냥 이렇게 치면 돼." 그게 전부다.

하지만 동료는 다르다. 개떡같이 말해도 찰떡같이 알아듣길 바라지만, 때로는 찰떡같이 말해도 개떡같이 받아들이기도 한다. 갈등과 오해를 거듭하며 우리는 상대의 감정을 살피고, 의도를 파악하며, 질문을 주고받는다. 도구가 힘을 필요로 한다면, 동료는 대화를 필요로 한다. 관계가 없이는 협업이 성립되지 않는다.

AI도 마찬가지다. 일방적인 질문과 일방적인 실망으로는 한계가 있다. 원하는 의도, 현재의 상황, 구체적인 요구를 명확히 전하는 상호작용형 질문을 던질 때 결과가 달라진다. 결국 AI를 도구가 아니라 동료처럼 대하는 것이다.

나 역시 과거에는 명령하듯 요청했다. 지금은 대화하듯 협업을 시작한다. 그때마다 AI가 내게 건네는 답변은 더 섬세해졌고, 내가 얻는 통찰도 깊어졌다.

AI에게도 직급을 준다면?

군 시절 나는 계획서와 보고서를 수도 없이 작성했다. 회사에 입사해서도 보고서는 내 강점이었다. 반면 내 동기는 엑셀을 기막히게 다뤘다. 사람마다 발달한 영역이 다르고, 그 차이가 곧 직무와 직급을 만든다.

그런데 이제는 개인이 아니라 AI가 전문가 이상의 성과를 내는 시대다. 발달 영역이 타고난 것이냐, 아니면 AI를 다루는 역량이냐에 따라 평가 기준이 달라 질 수 있다. 임원들만 비서를 두던 시대는 끝났다. 직원 한 사람, 한 사람이 AI 비서를 갖는 시대가 오고 있다.

실제로 여러 글로벌 기업과 연구기관은 팀원에게 서로 다른 역할의 AI 파트너를 붙여 협업하도록 실험 중이다. 한 사람은 데이터 분석 AI와 일하고, 또 다른 사람은 고객 의견을 종합하는 AI와 협업하는 식이다. 그러자 각기 다른 AI에서 얻은 인사이트가 팀 안에서 공유되면서, 사고의 폭이 넓어지고 논의의 깊이도 깊어졌다.

이 현상은 연구에서도 확인된다. BCG(Boston Consulting Group)가 2023년에 진행한 실험에서 생성형 AI를 활용한 팀은 문서 품질이 평균 40% 이상 향상되었고, 문제 해결 속도는 25% 빨라졌다는 결과가 나왔다.

즉, 한 사람이 모든 것을 알 필요가 없다는 뜻이다. 이제는 누가 어떤 AI와 어떻게 협업하느냐가 팀의 역량이 된다.

그렇다면 조직은 어떻게 해야 할까? 사람을 채용할 때처럼 AI에게도 역할과 기대치를 설정해야 한다. 그렇지 않으면 "AI가 있으니 사람을 덜 뽑자"는 단순 논리에 빠진다. AI는 과거 데이터를 활용한 아이디어 제공에는 강하지만, 이전에 없던 혁신을 만들어내는 데는 한계가 있다.

따라서 조직 차원의 AI 활용 가이드라인이 필요하다. 회의록 작성은 이렇게, 기획서는 저렇게 AI와 협업한다는 공통 기준을 두면 결과물의 품질이 균일해지고 협업의 효율도 높아진다.

AI 시대의 조직 경쟁력은 '누가 AI를 더 잘 쓰느냐'가 아니라, '어떻게 함께 AI와 협업하느냐'에 달려 있다. 그 순간 조직은 한층 똑똑해진다.

관계 설정 없이는 협업이 아니다

AI를 처음 사용했을 때, 출력된 답변들을 거의 그대로 믿었었다. 논쟁이 있을 때는 AI의 답을 근거로 내 주장을 뒷받침하기도 했다. 그러나 곧 깨달았다. 판례를 근거로 소송을 진행했다가 AI Hallucination(AI가 사실이 아닌 내용을 만들어내는 현상)때문에 손해를 본 사례, AI 통계만 믿었다가 중요한 내용이 빠져 망신당한 기업 사례. 크고 작은 문제들이 곳곳에 있었다.

나 역시 처음 6개월간은 컨설팅 업무를 하며 AI 답변의 허점을 뼈저리게 경험했다. 지금도 AI 답변의 신뢰도를 30% 이하로 본다. 열 가지 중 일곱 가지는 직접 검색과 검증이 필요했다. 그래서 내 맞춤 설정에는 "근거가 명확하면 출처 표기, 불명확 하면 '추측'으로 표시하라"는 규칙을 넣어두었다.

이 습관은 친구와의 약속에서 비롯된 경험과 닮아 있다. 친구가 "정말 맛있다"며 추천한 집에 갔는데 문 앞에는 '월요일 휴무' 안내가 붙어 있었다. 우리는 근처에서 가장 맛없는 음식을 먹으며 "다음부터는 꼭 확인하자"고 다짐했다. 다음번엔 사진까지 보내줬지만 이번에는 '3~5시 브레이크타임'이었다. 결국 나는 직접 전화를 하는 습관을 들였다.

AI도 마찬가지다. 잘 쓰면 산소 같은 존재지만, 검증 없이는 '휴무일' 같은 허점으로 실망을 준다. 그래서 신뢰와 검증이 전제되어야 협업이 가능하다.

흥미로운 점은 이런 검증 과정이 또 다른 학습이 된다는 것이다. AI가 틀렸을 때 이유를 파악하고, 더 정확한 질문을 던지는 방법을 배우면서 나는 AI와 더 효과적으로 협업할 수 있게 되었다.

새로운 동료와 호흡을 맞추는 과정은 대부분 똑같다. 처음엔 오해하고 실망하지만, 시간이 흐르면 강점과 약점을 이해하고 그에 맞는 소통 방식을 찾아간다. AI와의 관계도 그렇다.

도구로 쓰면 도구가 되고, 동료로 대하면 동료가 된다.

결국 중요한 것은 우리가 어떤 관계를 맺을지에 대한 태도다.

그 태도가 쌓일수록, 나 혼자서는 결코 떠올릴 수 없던 생각들이 가능해진다. 그리고 그 순간, 우리의 일은 이전보다 더 넓고, 더 깊어질 수 있다.

두 번째. 답은 AI가 주지만, 해답은 인간이 찾는다

하늘을 날거나, 순간이동을 하거나, 시간을 되돌리는 초능력들이 등장하는 영화를 보다 보면 이런 상상을 할 때가 있다. '나도 저런 능력을 가지고 있었다면 어떤 삶을 살았을까?'

그중에서도 나는 '천재라면 어땠을까'를 자주 상상했다. 사람들이 어려워하는 수학 난제를 단숨에 풀어버리는 주인공을 보며, 나도 저렇게 명쾌하게 세상을 해석할 수 있다면 얼마나 좋을까 상상하곤 했다.

그중 특히 기억에 남는 영화가 있다. MIT에서 청소부로 일하는 한 청년이 등장한다. 교수는 학생들에게 난이도 높은 문제를 과제로 내지만, 아무도 손을 대지 못한다. 그런데 어느 날 복도 칠판에 그 문제가 완벽하게 풀려 있었다. 그 청년이 푼 것이다.

그는 수학, 법학, 역사학 등 여러 분야에 천재적 재능을 가지고 있었지만, 어린 시절의 상처로 사람들과의 관계는 서툴렀다. 그의 재능을 알아본 교수가 대학 동기인 심리학자 '숀'에게 그를 부탁하면서 상처를 치유해 가는 과정을 담은 영화, 〈굿 윌 헌팅〉이다.

그가 칠판의 난제를 풀어낸 것은 말 그대로 '정답'이었다. 그러나 그가 진짜 풀어야 했던 문제는 자신의 상처, 관계, 사랑, 그리고 자기 삶의 방향이었다.

AI도 마찬가지다. 질문을 입력하면 답을 내놓지만, 그 답이 우리 삶의 해답이 되지는 않는다. AI가 내놓는 결과는 방대한 데이터의 평균값일 뿐, 내가 처한 맥락과 감정, 관계의 층위까지는 읽어내지 못한다.

정답은 데이터에서 나오지만, 해답은 맥락에서 나타난다. AI가 주는 답은 방향의 후보이고, 인간이 찾는 해답은 그 길을 택하는 이유다. 맥락을 읽지 못하면 데이터는 길을 잃는다. 그리고 그 맥락을 이해하려면 '시간'이 필요하다. 혼자 읽는 맥락은 제한적일 수밖에 없다. 하지만 여러 사람이 각자의 경험과 관점으로 같은 데이터를 바라보기 시작하면, 보이지 않던 의미가 드러난다. 조직에서 '함께 생각하는 것'이 중요한 이유가 바로 여기에 있다. 해답은 언제나 느림 속에서, 그리고 함께하는 과정 속에서 시작된다.

정답은 빠르지만, 해답은 느림에서 온다

인터넷과 AI는 우리에게 '빠른 답안'을 쏟아낸다. 검색 한 줄, 명령 한 문장으로 모든 정보가 즉시 들어온다. 하지만 빠르게 얻은 답은 종종 생각을 멈추게 한다. 모두가 같은 24시간을 가지고 있지만 우리는 그 시간을 '더 빨리, 더 많이, 더 효율적으로' 채우려고 애쓴다. 성과의 속도에 취해 살다가 문득, '내가 진짜 중요한 것을 잊고 있는 건 아닐까?'라는 불안이 찾아온다.

'데이터의 착각'이라는 말이 있다. 광고 지표를 보면 클릭 수, 노출 수, 전환율 같은 숫자는 즉시 확인된다. 하지만 그 숫자가 무엇을 말하는지, 그 뒤에 있는 사람의 감정과 맥락을 이해하지 못하면 결국 길을 잃는다.

한때 유행했던 TV 프로그램 〈성적을 부탁해, 티쳐스〉에서도 학생들이 점수를 올리기 위해 기계적으로 문제를 푼다. 조금만 형태가 달라져도 전혀 다른 문제처럼 느끼며 손을 놓는다. 정답은 외워서 맞힐 수 있지만, 해답은 생각해서 찾아야 한다.

그래서 나는 가끔 이런 실험을 한다. AI에게 어떤 문제의 정답을 물어본 뒤, 그 답이 맞는지, 다른 가능성은 없는지 10분 동안 혼자 생각해 본다. 그러면 놀랍게도, 처음엔 '완벽해 보이던 정답'이 점점 흔들린다. 그리고 그 틈에서 새로운 관점이 떠오른다.

조직 차원에서도 마찬가지다. AI가 제시한 전략을 바로 실행하기보다, 팀원들이 각자의 시각에서 그 답을 해석하고 의견을 나눌 시간이 필요하다. 한 사람이 10분 생각하는 것도 중요하지만, 여러 사람이 함께 생각하는 시간은 조직을 더 현명하게 만든다. 느리게 보일 수 있지만, 이 과정에서 AI가 놓친 맥락과 변수를 발견하게 된다.

빠른 정답은 참고 자료일 뿐이다. 느린 해답은 내가 세상과 맺은 관계의 결과다.

정답은 속도로 완성되지만, 해답은 사유로 완성된다. 생각의 시간이 길어질수록, 숫자가 보여주지 못하는 의미가 드러난다. 그리고 그 의미를 함께 발견할 때, 조직은 단순히 빠른 집단이 아니라 지혜로운 공동체가 된다.

정답은 분명하지만, 해답은 모호하다

"사랑이 뭐라고 생각해?" 누구나 한 번쯤 받아본 질문이다. 정의는 가능하지만, 답은 언제나 사람마다 다르다.

로이킴의 노래 〈내게 사랑이 뭐냐고 물어본다면〉에는 이런 가사가 있다. "처음의 설렘보다 이 익숙함을 소중히 할 수 있는 것." 이 구절을 들을 때마다 생각했다. '그렇다면 나는 제대로 사랑하고 있는 걸까?'

사랑의 정의가 다르듯, '조직의 성과' 정의도 제각각이다. 많은 기업이 KPI(Key Performance Indicator)로 성과를 측정한다. 수치로 표현하니 명확하고 객관적이다. 그러나 단호히 말하자면, KPI 하나만으로 조직의 진짜 성과를 설명할 수는 없다.

그래서 기업들은 재무성과 외에도 조직문화·참여도·학습과 혁신 수준 같은 비재무적 지표를 함께 본다. ESG, 균형성과표, 심리적 안전감, 몰입도 같은 새로운 척도들이 등장한 이유다. 직원들이 얼마나 안전하게 의견을 내고, 실패를 두려워하지 않으며 협업하는가와 같은 것은 결코 수치로만 환산할 수 없는 가치다.

여기서 중요한 건, 이런 비재무적 성과는 개인이 아니라 집단의 질을 보여준다는 점이다. 심리적 안전감은 혼자 느끼는 게 아니라 구성원들이 함께 만들어가는 분위기다. 조직문화도 한 사람의 태도와 노력이 아니라, 구성원들이 서로 어떻게 소통하고, 신뢰하고, 함께 배우는지가 쌓여서 형성된다.

결국 조직이 정한 지표(정답)는 분명하지만, 조직의 해답은 언제나 모호하다. 그 모호함은 불완전함이 아니라, 성장할 여지다.

숫자는 결과를 보여주고, 방향은 사람이 결정한다. 그리고 그 방향은 리더 혼자가 아닌, 구성원 모두가 함께할 때 더 정확해진다. 성과를 단순히 수치로만 보지 않고, 사람과 기술, 문화와 관계를 입체적으로 바라볼 때 조직은 비로소 '자신만의 해답'을 만들어 간다.

해답은 모방이 아닌 창의에서 나온다

"코끼리를 냉장고에 넣는 방법은?" 이 오래된 유머는 단순하지만 메시지가 명확하다.

많은 사람들은 "코끼리를 어떻게 냉장고에 넣지? 구겨 넣나? 테트리스를 해야 하나?"라고 복잡한 방법부터 찾는다.

하지만 정답은 공식처럼 간단하다. "냉장고 문을 열고, 코끼리를 넣고, 문을 닫는다." 그럼 기린은? "냉장고 문을 열고, 코끼리를 꺼낸 다음 기린을 넣고, 문을 닫는다." 마지막 질문은 이렇다. "호랑이 생일 파티에 모든 동물이 갔는데, 한 마리만 오지 않았다. 누구일까?" 정답은 기린이다. 냉장고에 있기 때문이다.

유치한 농담 같지만, 이 이야기가 던지는 메시지는 깊다. 우리는 너무 자주 틀린 전제 위에서 정답을 찾는다. 냉장고는 반드시 가정용 크기여야 한다고, 코끼리와 기린은 반드시 거대하다고 마음대로 가정한다.

하지만 틀을 의심하지 않으면, 새로운 해답은 보이지 않는다. 정답은 공식 안에 있지만, 해답은 틀을 벗어나 질문을 새로 세우는 순간에 생겨난다. 그리고 그 질문은 혼자보다 여럿이 함께 던질 때 더 강력해진다. "이 전제가 맞나?"라고 의심하는 사람이 한 명이라면 쉽게 무시당할 수 있지만, 여러 사람이 함께 질문하면 조직은 기존의 틀을 다시 살펴보게 된다. 집단지성의 힘은 바로 이 지점에서 발휘된다.

경쟁사의 전략을 그대로 따라 하면 단기적으로는 성과를 낼 수 있다. 그러나 그것은 '하나의 답안'일 뿐이다. 진짜 해답은 우리 조직의 비전·미션·가치에서 나온다. 나이키가 단순히 신발을 파는 회사가 아니라, '불가능해 보이는 목표에 도전하라'라는 메시지를 파는 브랜드가 된 것도 같은 이유다.

정답은 남이 만든 틀 안에 있고, 해답은 우리가 새로 만드는 틀 안에 있다. 그 틀은 함께 질문하고 시도하는 과정 속에서 단단해진다.

정답 위에 해답을 쌓는 시간

AI는 언제나 가장 빠른 답을 줄 것이다. 그러나 해답은 여전히 인간의 몫이다. AI는 데이터를 계산하지만, 인간은 그 데이터에 이유를 부여한다. 정답이 세상을 설명한다면, 해답은 그 세상에 의미를 만든다.

해답을 찾는 일은 혼자보다 함께할 때 더 풍부해진다. 한 사람의 맥락 해석은 한계가 있지만, 여러 사람의 관점이 모이면 놓쳤던 맥락이 드러나기 시작한다. 함께 느리게 생각하는 시간은 조직을 더 현명하게 만든다.

우리는 AI가 알려주는 답 위에서, 자신의 맥락을 더해 해답을 찾는 법을 배워야 한다. 그때 일의 의미는 더 깊어지고, 생각은 더 멀리 확장한다. 그리고 그 과정은 조직을 단순히 효율적인 집단이 아니라, 함께 생각하고 함께 성장하는 진짜 집단지성을 가진 공동체로 변화시킨다.

세 번째. AI 활용 격차가 조직 격차가 된다

정보를 다루는 힘이 곧 생존력이다

뉴스를 보다 보면 전쟁 소식이 반복적으로 등장하곤 한다. 우크라이나-러시아, 이스라엘-하마스 전쟁처럼 세계 곳곳에서 벌어지는 충돌의 참혹한 장면들이 이어진다. 예전 같았으면 채널을 돌렸겠지만, 지금은 다르다. 군 간부를 대상으로 AI 기반 무기 체계와 미래 전쟁 환경을 교육해야 하기에, 하나도 놓치지 않고 집중해서 본다.

과거에는 어땠을까? 2차 세계대전 당시 하늘에서 떨어지는 폭탄은 '하늘의 재앙'이라 불렸다. 그런데 영국 공군은 '레이더' 기술을 활용해 적 비행기를 사전에 탐지하고 요격하면서 전세를 뒤집었다. 전쟁의 승패를 가른 것은 병력도, 화력도 아니라 '정보의 우위'였다.

독일의 '에니그마(Enigma)' 암호 체계도 마찬가지다. 당시에는 해독이 불가능하다고 여겨졌고, 그 덕분에 독일군은 작전을 은밀하게 진행할 수 있었다. 연합군은 매번 한발 늦게 대응할 수밖에 없었다. 하지만 영국은 수학자 앨런 튜링을 중심으로 암호 해독팀을 꾸려 마침내 에니그마를 풀어냈다. 그 순간 전세가 바뀌었다. 해독이 조금만 늦었더라면 역사는 전혀 다른 방향으로 흘렀을지도 모른다.

군 시절 내가 몸으로 배운 사건도 있다. 바로 '천안함 피격'과 '연평도 포격 도발'이다. 전장에서 몇 분, 몇 초 먼저 정보를 파악하고 대응하느냐가 부대의 안전과 작전의 성패를 갈랐다. 정보를 먼저 손에 쥔 쪽이 주도권을 잡았고, 늦은 쪽은 방어에 급급했다.

이 경험은 군대에만 해당되지 않는다. 지금 기업의 경쟁 환경도 같다. AI 시대의 조직은 모두 같은 무기를 들고 출발한다. ChatGPT, Claude, Gemini 같은 도구는 누구에게나 열려 있다. 하지만 '누가 먼저, 어떻게 활용하느냐'에 따라 결과는 극명하게 갈린다.

어떤 조직은 하루에도 수십 번씩 AI를 활용해 업무 속도를 단축하고, 의사결정에 반영하며, 새로운 시도를 계속한다. 반면 어떤 조직은 여전히 망설인다. "이걸 꼭 써야 하나요?", "우리 업무에 맞을까요?" 이런 질문을 주고받는 사이, 다른 곳에서는 이미 결과물이 나오고 있다.

이 망설임의 시간 차이가 조직 경쟁력의 격차로 이어진다. 레이더를 먼저 도입한 영국이 전세를 바꿨듯, AI를 먼저 활용하는 조직이 시장을 선점한다. 그리고 이 격차는 기업 간 경쟁에서만 나타나지 않는다. 같은 조직 안에서도 AI를 능숙하게 다루는 사람과 그렇지 못한 사람 사이에 성과의 간극이 벌어진다. 정보와 기술을 다루는 힘이 곧 생존력이다.

AI를 쓸 줄 모르면, 기회를 놓치는 시대

광고회사에서 일하던 시절, 한 식당 사장님이 상담을 요청했다.
"예전엔 장사가 잘됐는데, 요즘 근처에 새로 생긴 가게에 손님을 다 뺏겼어요."

10년 넘게 한자리에서 장사해온 분이었고, 맛에는 자신이 있다고 했다. 현장 실사를 나가 보니 단순히 '맛'의 문제가 아니었다. 새로 생긴 가게는 SNS에 익숙한 젊은 부부가 운영하고 있었고, 인테리어부터 고객 소통 방식까지 완전히 달랐다. 매장 곳곳에 '인증샷 명소'가 있었고, 손님이 사진을 올리면 할인 쿠폰을 주는 이벤트를 진행했다. 이들은 단순히 음식을 파는 게 아니라, 고객 경험 전체를 설계하고 있었다.

반면 기존 사장님은 여전히 전단지와 지역 광고에 의존하고 있었다. 홈페이지도, SNS 계정도 없었다. "손님들이 알아서 찾아오면 되지." 그분의 생각은 거기에서 멈춰 있었다.

그 순간 직감했다. 이건 이길 수 없는 싸움이다. 팀 회의에서 논의한 방안도 뻔했다. 전단지 디자인을 조금 바꾸고, 네이버 키워드 광고 예산을 조금 늘리는 정도였다. 단기적 효과는 있을지 몰라도, 본질적 경쟁력은 바뀌지 않았다.

그로부터 12년이 흘렀다. 우연히 그 사장님을 다시 만났다. 지금은 세종시에서 편의점 하나와 무인 아이스크림 가게 두 곳을 운영한다고 했다. "식당은 접었어요. 요즘 젊은 사람들이 뭘 좋아하는지 모르겠더라고요." 그분은 여전히 직접 전단지를 돌리고 있다고 했다

이제는 AI가 자동으로 광고 이미지를 만들고, 문구를 작성하며, 댓글까지 응대하는 시대다. 고객 데이터를 분석해 어떤 시간대에 어떤 메뉴를 홍보해야 할지까지 추천해준다. 이런 환경에서 여전히 전단지만 붙들고 있다면, 그것은 다윗과 골리앗의 싸움이 아니다. 돌멩이조차 들지 않은 다윗의 싸움이다.

AI는 더 이상 선택이 아니다. 그것을 쓰느냐, 아니면 기회를 놓치느냐의 문제다. 이제 경쟁력은 '무엇을 알고 있느냐'보다 '무엇을 다루고 있느냐'로 결정된다. 조직이든 개인이든, AI를 활용하지 못한다면 경쟁의 무대에서 밀려날 수밖에 없다.

세대 차이가 아니라 학습 차이다

AI 교육 현장에서 흥미로운 장면을 자주 목격한다. 연세가 있는 분들은 강의 시작 전부터 수첩과 펜을 꺼내 든다. "A부터 Z까지 차근차근 알려 달라."고 말씀하시며, 컴퓨터로 바로 실습할 수 있는데도 수첩에 빼곡이 필기한다. "나중에 매뉴얼 보고 천천히 해볼게요."라고 하신다.

반면 젊은 세대는 조금 다르다. 기본적인 기능만 알려줘도 교육에서 다루지 않은 부분까지 스스로 눌러보고, 질문하고, 시도한다. "이거 이렇게 해도 되나요?" 실수도 많지만, 그 실수 속에서 새로운 기능을 발견하고 금세 결과물을 만들어 낸다.

언뜻 보면 단순한 세대 차이처럼 보이지만, 자세히 보면 그렇지 않다. 젊은 사람들 중에도 배운 것만 하고 멈추는 이들이 있다. 답을 듣고 나면 그것으로 끝이다.

반대로 나이가 들어도 끊임없이 시도하며 새로운 기능을 탐색하는 분들이 있다. "아, 이렇게 하니까 이런 결과가 나오네요. 그럼 저건 어떻게 하면 되나요?" 질문이 꼬리를 문다.

결국 차이는 세대가 아니라 학습 태도에서 나온다. 배우려는 마음, 실패를 두려워하지 않는 자세, 그리고 끊임없이 시도하는 습관. 이것이 AI 시대의 진짜 경쟁력이다.

한 방송에서 본 90세 어르신이 떠오른다. 일제강점기에 태어나 여주의 두메산골에서 자랐다는 그분은 90세에 수능을 보고 대학에 입학했다. 전공은 재활스포츠였다. "몸이 움직일 때까지는 배우는 걸 멈추지 않으려 한다." 그 말이 오래 남았다.

AI를 강의하는 나 역시 솔직히 두려움이 있다. 세월이 흐를수록 기술의 속도를 따라잡기 어렵기 때문이다. 자고 일어나면 새로운 생성형 AI가 쏟아진다. "그 AI 써보셨어요?"라는 질문을 받을 때마다 잠시 멈칫한다.

그래서 큰 결심을 했다. 오랜 시간 익숙하게 사용해온 맥OS 생태계를 떠나 기기들을 모두 교체했다. 당근마켓에 중고로 판매하면서 또 한 번 놀랐다. AI가 상품 설명과 대화문을 자동으로 추천해주는 것이었다. 내가 모르는 사이에 세상은 또 한 걸음 나아가 있었다.

새 기기를 산 건 단순히 성능 때문만은 아니었다. 새로운 기술을 몸으로 경험하려는 의지였다. 직접 써보지 않으면 교육할 수 없다. 교육하는 사람이 먼저 배워야 한다.

AI 시대에 진짜 격차를 만드는 것은 나이가 아니라, 배우려는 마음과 학습을 지속하는 힘이다. 나는 지금도 스스로에게 묻는다. "이 선택이 잘한 걸까? 그래도 본전은 뽑아야지." 그 웃음 속에는 멈추지 않고 배우려는 결심이 담겨 있다.

AI 격차를 줄이는 건 조직의 책임이다

AI는 우리 모두에게 똑같이 열려 있다. 그러나 누가 먼저, 어떻게 배우느냐에 따라 결과는 완전히 달라진다. 기술의 격차는 사고의 격차를 만들고, 사고의 격차는 조직 성과의 격차로 이어진다.

전쟁에서 정보의 우위를 점한 자가 승리했듯, 조직에서도 AI를 이해하고 활용할 줄 아는 사람이 시장을 주도한다. 여기서 중요한 질문이 생긴다. 이 격차를 개인의 노력에만 맡겨둘 것인가?

"AI 배우고 싶으면 알아서 배우세요.", "요즘은 유튜브에 다 나와 있잖아요." 이런 식으로 개인에게만 책임을 떠넘기면, 조직 내 격차는 더 벌어진다. 배울 시간과 여유가 있는 사람만 앞서가고, 그렇지 못한 사람은 점점 뒤처진다. 그 간극은 결국 조직 전체의 경쟁력을 약화시킨다.

조직이 해야 할 일은 분명하다. 먼저, 구성원들이 AI를 배울 수 있는 환경을 만들어야 한다. 교육 기회를 제공하고, 직접 실습해 볼 시간을 보장하고, 실패해도 괜찮다는 문화를 조성해야 한다.

둘째, AI 활용을 개인의 선택이 아니라 조직의 기본 역량으로 정의해야 한다. "쓰고 싶은 사람만 쓰세요."가 아니라, "우리 조직은 이렇게 AI를 활용합니다."라는 공통 가이드라인을 만들고 공유하는 것이다.

셋째, 함께 배우는 문화를 만들어야 한다. 누군가 새로운 AI 기능을 발견하면, 그걸 팀 전체가 공유하고 시도해 볼 수 있는 분위기를 만드는 것이다. 혼자 앞서가는 조직이 아니라, 함께 성장하는 조직을 지향해야 한다.

AI가 인간을 대체하는 것이 아니라, AI를 다루는 인간이 다른 인간을 대체하는 시대가 오고 있다. 그 흐름 속에서 가장 중요한 것은 기술이 아니라 태도다. AI 활용 격차는 단순한 도구 사용 능력의 차이가 아니라, 배움과 시도의 태도 차이다.

그 태도를 만드는 일은 개인에게만 맡길 수 없다. 조직이 구성원들에게 배울 기회를 주고, 함께 성장할 수 있는 환경을 만들 때 비로소 AI 시대의 진짜 경쟁력이 생긴다. 격차를 방치하지 않고 함께 줄여가는 조직, 그 조직이 AI 시대를 이끌어갈 주인공이 된다.

네 번째. AI 직급표가 필요한 시대

직급이 없는 조직, 책임이 사라진 조직

MBA 시절, 특정 기업의 조직문화를 진단하는 프로젝트를 맡은 적이 있다. 내가 방문한 곳은 업력 2년 차 스타트업이었다. 당시 유행처럼 번졌던 키워드는 '수평적 문화'였다. 이 회사도 직급을 최소화하고, 모두가 영어 이름으로 서로를 부른다고 했다.

제이슨, 제인, 벨라, 존, 알렉스… 관료주의와 수직적 조직문화의 폐해를 비판하던 나로서는 그 모습이 신선하고 매력적으로 보였다. 젊고, 자유롭고, 창의적인 분위기였다.

하지만 실제로 조직문화를 들여다보니 예상치 못한 문제가 보였다. 바로 책임이 모호하다는 점이었다. 성과가 좋을 때는 모두가 함께 기뻐했지만, 문제가 터지면 "누가 책임질 것인가?"라는 질문 앞에서 입을 다물었다. 팀장이 없다 보니 결정이 늦어졌고, 결정이 늦어지니 실행도 엇박자를 냈다.

게다가 겉으로는 직급이 없었지만, 실제로는 '창업 멤버'나 '초기 인력'이 암묵적으로 영향력을 행사하고 있었다. 형식적인 위계는 없는데, 보이지 않는 그림자 위계가 존재했다. 더 혼란스러웠던 지점은, 누구도 그 암묵적 서열을 공개적으로 인정하지 않는다는 사실이었다. 회의에서는 "다 같이 결정하는 거니까요"라고 말하면서, 실제로는 특정 사람의 의견이 결정권을 가졌다.

그때 깨달았다. 직급이 없다고 해서 곧바로 수평적인 조직이 되는 것은 아니라는 사실이었다. 명확한 역할과 책임이 없으면 조직은 쉽게 불안정해지고, 신뢰가 흔들린다. 오히려 직급과 역할이 투명할 때 구성원은 자신의 위치를 분명히 알고, 책임감을 가지고 행동할 수 있다.

이 경험은 지금 AI 활용 문화에도 그대로 겹쳐진다. 현장에서 컨설팅을 하다 보면 어떤 조직은 "AI는 특정 업무에만 쓰자"고 선을 긋고, 어떤 조직은 "이제 웬만한 건 다 AI로 대체할 수 있다"고 말한다. 이렇게 기준 없이 오가는 이야기 속에서 팀 내 AI 활용에 대한 온도 차이가 갈등으로 번진다.

한 금융회사에서 실제로 있었던 일이다. 신입사원은 AI를 적극 활용하여 보고서를 빠르게 작성해 제출했고, 상사는 "네가 쓴 거 맞아? AI가 쓴 거 아니야?"라며 다시 쓰라고 했다.

신입사원은 "효율적으로 업무를 진행한 것인데 문제가 되는 걸까요?"라며 억울함을 토로했고, 상사는 "AI에게 맡길 거면 너는 왜 필요하냐"고 되물었다. 둘 다 완전히 틀린 말은 아니었다. 다만 조직 안에 AI를 어디까지, 어떻게 활용할지에 대한 기준이 없었기 때문에 충돌이 생겼다.

AI는 '잘 쓰면 유능한 동료'가 되지만, '애매하게 쓰면 피로한 변수'가 된다. 그래서 나는 종종 상상해 본다. AI에게도 직급을 매긴다면, 지금 우리 조직의 AI는 어떤 위치에 있을까?

업무별로 AI의 직급을 매겨라

나는 제법 꼼꼼한 컨설턴트다. 교육 제안 요청이 들어오면 기존 자료를 그냥 보내는 법이 없다. 의뢰한 조직의 니즈와 직급, 현재 상태와 목표(As-is와 To-be), 내부에서 쓰는 언어를 고려해 제안서를 새로 만든다. 그래서인지 "남들도 다 그렇게 하잖아요?"라는 말을 들으면 잠시 멈칫한다. 실제로는 모두가 이렇게까지 하지는 않기 때문이다.

그런데 기업 교육을 진행하다 보면 곤란한 요청을 받을 때가 있다. "기본 과정은 다 배웠으니, 이제 AI 심화 과정을 해주세요." 문제는 대상자들의 직무와 직급이 제각각이라는 점이다.

기획자, 디자이너, 인사 담당자, 영업직이 한 강의장에 섞여 앉아 있다. 이럴 때 자연스럽게 이런 고민이 떠오른다. "도대체 어디를 기준으로 깊이를 정해야 할까?"

AI는 모든 직무에서 같은 실력을 내는 존재가 아니다. 예를 들어 데이터 정리나 문서 초안 작성은 빠르고 정확하다. 반복 업무의 효율성만 놓고 보면 대리급 정도의 역량을 가진 셈이다.

트렌드 리서치나 시장 분석처럼 많은 자료를 빠르게 모아야 하는 일은 과장급에 가깝다. 반대로 의사결정이나 심리상담처럼 풍부한 맥락과 경험이 필요한 영역에서는 인턴 수준이라고 보는 편이 현실적이다.

실제 기업들을 보면 이 차이는 더 분명해진다. 기획팀과 마케팅팀은 AI를 산소 마시듯 쓰지만, 재무팀은 보안 문제 때문에 거의 활용하지 않는다. 병원에서는 환자 안내문 작성에는 적극적으로 AI를 활용하지만, 상담이나 진료에는 거의 의존하지 않는다. 같은 AI라도 업무에 따라 '직급'이 달라지는 셈이다.

그래서 나는 교육할 때 이런 워크숍을 자주 진행한다. "우리 조직이 지금 쓰고 있는 AI를 기준으로, 기능별로 직급을 매겨보세요." 처음에는 다들 어리둥절해한다. 하지만 팀별로 논의를 시작하면 분위기가 달라진다.

"보고서 초안 작성은 주임급 아닐까요? 기본 틀은 잡아주는데 디테일은 부족하니까요.", "데이터 분석은 과장급 같아요. 빠르고 정확하게 패턴을 찾아내잖아요.", "전략 판단은 대리급이요. 경험이 부족해서 깊이가 떨어져요."

이렇게 함께 AI의 직급을 정하는 과정에서 중요한 변화가 일어난다. 팀원들이 AI의 강점과 한계를 구체적으로 인식하기 시작하는 것이다. 그리고 자연스럽게 다음 질문으로 넘어간다.

"그럼 인간이 해야 할 일은 뭐지?"

AI에게 초안 작성을 맡기되, 최종 판단은 사람이 맡는다. AI가 데이터를 분석하면 그 의미를 해석하는 역할은 사람이 담당한다. 역할의 경계가 또렷해질수록 AI 활용의 효율도 높아진다.

한 제조업체에서는 이 워크숍 이후 실제로 'AI 역할 매트릭스'를 만들었다. 업무별로 AI의 권한 수준을 정의하고, 최종 결정권자를 명시했다.

"품질 검사 데이터 분석: AI 1차 검토 → 담당자 확인 → 팀장 승인." 단순해 보이지만, 이 기준이 생기자 AI 활용을 둘러싼 혼란이 크게 줄었다.

AI에게 직급을 주는 일은 단순한 장난이 아니라, 조직 내 역할 분담을 다시 설계하는 작업이다. 보고서를 깔끔하게 정리할 수는 있지만, 그 안에 사람의 이야기를 담아내지는 못한다. 그렇다면 '감동을 만드는 일'은 여전히 인간이 맡아야 할 몫이다.

인간과 AI의 경계를 정리하라

나는 금융권, 병원, 공공기관 등 다양한 조직을 컨설팅하며 '공개 모니터링'과 '비공개 모니터링'을 함께 수행해 왔다. 공개 모니터링은 평가 일정을 미리 알리고 진행하는 방식이고, 비공개 모니터링은 일상의 모습을 있는 그대로 관찰하는 방식이다.

재미있는 점은 대부분의 경우 공개 모니터링 점수가 더 높게 나온다는 것이다. 평가받는다는 걸 알고 있으니 더 잘하려는 마음이 작동한다. 그런데 이 말은 곧 평소에도 잘할 수 있지만, 평가받을 때만 평소 이상으로 힘을 낸다는 뜻이기도 하다.

간혹 비공개 점수가 공개 점수보다 높게 나오는 경우도 있다. 이는 평소의 진정성 있는 서비스가 그대로 드러났다는 의미일 수도 있고, 오히려 평가 자리에서는 긴장해서 경직된 서비스를 했다는 신호일 수도 있다. 숫자만 보고는 '잘한다/못한다'고 단정하기 어렵다. 숨어 있는 의미의 층위를 함께 읽어야 한다.

이 경험은 AI와 인간의 역할을 나누는 기준에도 그대로 적용된다. AI는 공개 모니터링처럼 '눈에 보이는 사실(Fact)'을 빠르게 포착하는 데 뛰어나다. 데이터를 수집하고, 패턴을 찾고, 수치를 분석하는 일은 AI가 인간보다 훨씬 빠르고 정확하게 처리한다.

하지만 비공개 모니터링에서 예상 범위 밖의 결과 값이 도출된 것처럼 '보이지 않는 맥락(Meaning)'을 읽어내는 일에는 약하다.

왜 이런 숫자가 나왔는지, 이 패턴이 우리 조직에 어떤 의미인지, 앞으로 어떤 영향을 미칠지, 무엇을 바꿔야 할지 같은 질문들은 데이터만으로는 답하기 어렵다. 여기에는 경험과 직관, 사람과 상황에 대한 이해가 필요하다.

그래서 AI가 잘하는 일은 데이터 분석과 패턴 탐색이고, 인간이 잘하는 일은 의미 해석과 상황 판단이다. 이 경계가 흐려질수록 인간은 사고력을 잃어버리기 쉽다.

한 병원 컨설팅에서 인상 깊은 장면을 본 적이 있다. 간호사들이 환자 만족도 데이터를 AI로 분석했더니, 특정 시간대에 불만족이 유독 높게 나왔다. AI는 "해당 시간대 인력을 증원하라."고 제안했다.

그러나 현장 간호사의 해석은 달랐다.

"그 시간대는 교대 시간이에요. 인수인계가 몰려서 환자들이 불안해하는 거죠. 인력 문제가 아니라 소통 문제에 가깝습니다."

AI는 숫자를 정확히 읽어냈지만, 숫자가 담고 있는 현장의 맥락은 읽지 못했다. 결국 병원은 인력 증원 대신 교대 시간대의 소통 프로토콜을 정비했고, 그 이후 만족도가 눈에 띄게 올랐다. Fact는 AI가 제공했지만, Meaning은 인간이 찾아낸 셈이다.

그래서 나는 늘 이렇게 말한다. Fact는 AI의 몫, Meaning은 인간의 몫이다. AI에게 직급을 매기자는 이야기도 결국 이 경계를 분명히 하자는 제안이다. 누가 무엇을 맡고, 어디까지 위임할지를 명확히 할수록 AI와 인간은 진짜 '협업자'로 공존할 수 있다. 선을 긋는 일이 때로는 불편하지만, 그 선이 있어야 서로의 역할이 더 또렷하게 빛난다.

AI 직급표를 함께 만드는 조직

조직의 직급표에는 이름이 적힌다. 그 이름 옆에는 책임과 권한 범위가 따라붙는다. 이제 우리에게는 사람만을 위한 직급표가 아니라, AI를 위한 직급표도 필요하다. 어떤 업무는 AI가, 어떤 판단은 인간이 맡는다는 기준이 있을 때 조직은 효율과 신뢰를 함께 지킬 수 있다.

그렇다면 이 AI 직급표는 누가 만들어야 할까? 리더 혼자서? IT팀이 알아서? 아니다. 조직 구성원들이 함께 만들어야 한다. 실제로

AI를 사용하는 사람들이 각자의 업무 특성을 바탕으로 AI의 역할과 한계를 논의할 때 비로소 현실적이고 쓸 만한 기준이 나온다.

"우리 업무에서 AI는 어느 정도 수준일까?"를 함께 이야기하는 이 중요한 과정에서 세 가지 변화가 동시에 일어난다.

첫째, AI에 대한 과도한 기대나 막연한 불안이 현실적인 수준으로 조정된다.

"AI가 다 해줄 거야"라는 기대도, "AI가 내 자리를 빼앗을 거야"라는 두려움도 구체적인 논의를 거치며 조금씩 자리 잡는다.

둘째, 인간이 해야 할 일이 선명해진다.

AI가 잘하는 영역을 인정하고 나면 자연스럽게 "그럼 나는 무엇을 더 잘해야 하지?"라는 질문이 나온다. 이 질문이 개인과 조직이 성장할 방향을 비춰주는 나침반이 된다.

셋째, 조직 내 AI 활용 문화가 투명해진다.

누구는 AI를 적극적으로 쓰고, 누구는 전혀 쓰지 않는 불균형이 줄어든다. 모두가 같은 기준 위에서 AI와 협업할 때 조직 전체의 속도가 맞춰진다. AI를 신입사원처럼 대할 수도 있고, 경험 많은 고문처럼 활용할 수도 있다. 결국 차이를 만드는 것은 기술 그 자체가 아니라, 그 기술과 어떤 관계를 맺느냐다.

AI에게 직급을 매기자는 발상은 도구를 인간처럼 대하자는 이야기가 아니다. 오히려 인간의 사고와 역할을 다시 구조화하는 시도다. 직급이 아예 없었던 조직이 혼란스러웠던 것처럼, 역할이 모호한 AI 활용 또한 결국 방향을 잃는다는 것을 기억하자.

다섯 번째. 인간은 도구와 싸우지 않는다

TV 프로그램에서 인간이 동물과 달리기 시합을 하거나 줄다리기를 하는 장면을 본 적이 있다. 어릴 땐 "우와, 신기하다!" 하며 보았지만, 나이가 들고 나서 다시 보면 묘한 생각이 든다. "개와 달리기 시합을 해서 이겨서 뭐하지?", "침팬지와 힘겨루기를 한다고?"

결국 인간은 본능적으로 비교와 경쟁을 통해 자신을 증명하려는 존재다. 진화생물학적으로 보면 인류는 수십만 년 동안 제한된 자원을 두고 경쟁하는 환경에서 살아왔다. 경쟁에서 뒤처지면 생존 기회가 줄었기 때문에, 경쟁 본능은 생존 전략으로 각인됐다. 더 잘하기 위해서가 아니라, 살아남기 위해 싸워왔던 것이다.

그런데 지금 시대에 인간이 기계와 싸워 이길 필요가 있을까? 사실 그것은 불도저와 삽으로 땅 파기 시합을 하는 것과 같다. 결과는 이미 정해져 있다. 중요한 것은 '삽질을 얼마나 잘하느냐'가 아니라 '불도저를 어떻게 내 편으로 만드느냐'다. 우리는 기술과 싸워 이기려 애쓰기보다, 기술과 협력해 함께 더 멀리 가야 한다.

호모 사피엔스는 늑대와 협력했다

나는 잠들기 위해 유튜브로 '인류의 기원', '공룡은 왜 멸종했는가' 같은 긴 다큐멘터리를 틀어 놓곤 한다. 재미로 듣는 게 아니라, 지루하게 흘러가는 내레이션이 수면제처럼 효과가 좋기 때문이다. 당연히 끝까지 들은 적은 없고, 늘 앞부분만 듣다가 잠든다. 그런데 신기하게도, 그렇게 가볍게 틀어놓은 영상에서 제법 진지한 질문 하나가 남았다.

"네안데르탈인은 왜 사라졌을까?"

호모 사피엔스가 유럽 대륙에 진출했을 때 이미 강력한 경쟁자인 네안데르탈인이 존재했다. 그들은 신체적으로 훨씬 강인했고 근육량도 많았으며, 혼자서도 거대한 들소를 사냥할 수 있었다. 마치 드웨인 존슨이나 영화 속 마동석 같은 괴력을 가진 사람을 떠올리면 된다. 하지만 단독 사냥의 성공률은 그리 높지 않았고, 한 번 실패하면 집단 전체가 굶주릴 위험이 컸다.

반면 호모 사피엔스는 힘으로는 이길 수 없었기에 '협력'이라는 전략을 선택했다. 그리고 협력의 파트너로 늑대를 택했다. 인간은 사냥한 고기를 늑대에게 나누어 주었고, 늑대는 뛰어난 추적 능력으로 사냥을 도왔다.

그 과정에서 인간은 몰이 사냥을 배우고, 늑대는 인간과 함께 행동하는 법을 익혔다. 서로의 약점을 보완하고 강점을 극대화한 결과, 호모 사피엔스는 살아남았고, 늑대는 인간과 함께 진화하며 개가 되었다. 생존은 경쟁이 아니라 협력의 결과였다.

AI 시대의 인간도 다르지 않다. AI는 늑대처럼 빠른 추적(데이터 수집)과 몰이(패턴 분석)에 능하다. 인간은 맥락을 읽고 의미를 부여하는 존재다. 만약 우리가 AI를 경쟁 상대로만 본다면, 네안데르탈인처럼 일시적인 힘을 자랑하다가 흐름에서 도태될지도 모른다. 그러나 협력의 대상으로 삼는다면, 호모 사피엔스처럼 AI와 함께 더 넓은 영역을 개척하며 살아남을 수 있다.

여기서 중요한 점이 하나 더 있다. 호모 사피엔스의 협력은 개인의 능력이 아니라 집단의 전략이었다는 사실이다. 늑대와 함께 사냥하는 방법을 한 사람이 터득하면 그 지식은 집단 전체로 퍼졌다. 누군가는 몰이를 하고, 누군가는 매복하고, 누군가는 마무리를 맡았다. 역할을 나누며 집단으로 생존 전략을 설계한 것이다.

조직도 마찬가지다. AI 활용을 개인의 역량으로만 남겨 두면 네안데르탈인의 단독 사냥과 다르지 않다. 하지만 구성원들이 AI 활용 경험을 공유하고, 역할을 분담하며, 팀 단위로 학습할 때 비로소 진짜 협력이 시작된다.

역사는 이미 답을 보여주었다.

"이기지 못하면 없애는 것이 아니라, 함께하는 쪽으로 진화하라."

도구는 지배 대상이 아니라 활용 대상이다

AI가 등장한 이후 늘 따라붙는 질문이 있다. "AI가 내 일자리를 빼앗지 않을까?" 2004년 개봉한 영화 〈아이, 로봇〉에서 그려졌던 미래—로봇이 인간의 생활을 대신하는 장면들—은 이제 현실이 되었다. 거리 청소, 물류, 실내 청소, 상담 등 인간의 손을 거치지 않는 일이 점점 늘어나고 있다.

하지만 정작 중요한 건 AI가 우리의 일을 '대체하느냐'가 아니라, 우리가 AI를 '어떻게 바라보느냐'다. AI를 지배자로 상상하는 순간 우리는 두려움에 사로잡힌다. 반대로 도구로 바라보는 순간, 가능성은 훨씬 넓어진다.

도구는 언제나 인간을 돕기 위해 만들어졌다. 불, 바퀴, 인쇄기, 컴퓨터까지 모두 그랬다. 도구를 두려워한 시대마다 인류는 멈췄고, 도구를 활용한 시대마다 문명이 도약했다.

나는 가끔 내비게이션을 끈 채 운전한다. 익숙한 길인데도 우회하라고 할 때가 많기 때문이다. 200% 확신이 있어도 "혹시 내가 틀렸을까?" 하며 내비게이션을 따라갔다가 오히려 더 멀리 돌아간 적도 있다.

그때 깨달았다. 도구는 정답을 알려주는 존재가 아니라 의사결정을 돕는 보조자일 뿐이었다. AI도 마찬가지다. AI가 제시한 결과를 그대로 따르는 순간 우리는 생각을 멈춘다. 도구는 '활용'할 때 가치가 있고, 맹목적으로 따를 때 위험해진다.

AI를 두려워할 이유는 없다. 다만 거기에 휘둘리지 않겠다는 태도는 필요하다. AI를 두려워하는 것은 불도저 앞에서 삽을 내려놓는 일과 비슷하다. 중요한 건 내가 얼마나 잘 파느냐가 아니라, 불도저를 얼마나 현명하게 운전하느냐다.

그리고 이 현명한 운전법은 혼자 터득하는 것보다 함께 배울 때 훨씬 빠르다. "이렇게 AI를 쓰니 좋더라", "저렇게 쓰니까 이런 오류가 나더라"는 경험을 공유하면 모두가 더 현명한 사용자가 된다. 한 사람의 시행착오가 조직 전체의 학습 자산이 되는 것이다. 도구를 다루는 지혜는 개인의 노하우에 머물지 않고 조직의 집단지성으로 확장되어야 한다.

결국 인간은 도구와 싸우지 않는다. 도구를 다루는 법을 배우며, 도구와 함께 진화한다.

이기려는 욕망은 사고를 좁힌다

2016년 3월, 전 세계의 눈이 '이세돌 vs 알파고' 대결에 쏠렸다. 언론은 연일 '인간 대 인공지능의 승부'라는 구도로 보도했고, 사람들은 승패에 몰입했다. 하지만 진짜 주목받은 것은 결과가 아니라 알파고의 37번째 수였다.

"지금 어디에 뒀죠?", "충격적인 자리에 뒀어요.", "이건 프로의 감각으로는 상상할 수 없는 수예요."

이 대화는 당시 중계진의 실제 반응이다. 프로기사들조차 "아마추어도 두지 않을 수"라며 고개를 저었다. 기존 정석으로 보면 분명 '악수'였다. 심지어 일부는 "버그가 난 것 아니냐"고까지 말했다. 그러나 시간이 지날수록 판세는 뒤집혔다. 그 '이상한 수'가 알파고를 승리로 이끄는 결정적 한 수, Move 37이었다.

그 한 수는 바둑계의 정석을 무너뜨리고 새로운 가능성을 열었다. 이 장면을 다시 보면, 인간 기사들은 모두 "AI를 이겨야 한다"는 집착 속에서 익숙한 패턴을 반복하고 있었다. 반면 알파고에게는 그런 욕망이 없었다. 알파고는 도리어 이겨야 한다는 강박이 없었기 때문에 오히려 더 자유롭게 탐색할 수 있었다. 역설적이게도, 인간의 승리 욕망이 사고의 폭을 좁힌 셈이다.

조직에서도 비슷한 일이 일어난다. 경쟁사보다 앞서야 한다는 강박, 승진과 평가에 대한 집착, KPI 달성 압박은 모두 창의적 사고를 막는 욕망의 덫이 된다. 누군가를 이겨야 한다는 프레임에 갇히는 순간, 우리는 스스로 악수를 두기 시작한다.

진짜 성장은 승패를 다투는 데서 나오지 않는다. 완전히 새로운 판을 열어 가려는 용기에서 비롯된다. AI 연구자들이 지금도 주목하는 것은 이세돌과 알파고의 승패 자체가 아니라, 그 한 수가 보여준 딥러닝의 잠재력이다. Move 37은 '신의 한 수'라 불리지만, 그게 의도된 계산인지, 수많은 학습이 만들어 낸 우연한 산물인지는 알 수 없다.

중요한 건, 그 한 수에 의미를 부여한 존재가 인간이라는 점이다. 인간은 그 수에서 새로운 사고의 문을 발견했다. AI는 승리를 계산했지만, 인간은 그 안에서 새로운 '이해의 가능성'을 본 것이다.

그리고 더 중요한 사실이 하나 있다. 그 이해가 한 사람의 깨달음에서 끝나지 않았다는 점이다. Move 37 이후 바둑계 전체가 그 수를 연구했고, 새로운 전략을 함께 탐구했다. 한 경기에서 나온 통찰이 집단 전체의 지식으로 확장된 것이다.

이것이 바로 집단지성의 힘이다. 개인의 깨달음이 조직의 성장으로 이어질 때, 진짜 혁신이 일어난다.

AI와 함께 생각하는 조직으로

AI 시대의 인간은 더 이상 싸움의 주체가 아니다. 기계와 경쟁할수록 피로해지고, 협력할수록 확장된다. 도구는 지배의 대상이 아니라 함께 일하는 파트너다. 불도저를 두려워하지 말고, 삽을 버리지도 말라. 대신 불도저를 다룰 줄 아는 사람이 되라. 그리고 그 방법을 혼자 터득하려 하지 말고, 함께 배우는 문화를 만들자.

AI는 인간의 적이 아니라 인간의 거울이다. 우리가 그것을 어떻게 다루느냐가 우리의 사고방식과 태도의 수준을 그대로 비춘다. 진화는 언제나 경쟁이 아니라 협력의 결과였고, 지성은 싸움이 아니라 이해의 확장에서 시작됐다.

AI와 싸우는 인간이 아니라, AI와 함께 생각하는 인간. 그리고 혼자가 아니라 함께 생각하는 조직. 그것이 우리가 향해야 할 다음 단계다. 호모 사피엔스가 늑대와 협력하며 생존했듯, 우리도 AI와 협력하며 진화한다. 그리고 그 협력은 개인의 역량이 아니라 조직의 집단지성으로 완성된다.

/ 2장 /

Game Thinking
협업과 몰입을 이끄는 놀이적 요소

현장에서 사람과 조직을 연구해온 지난 12년, 심리학과 대화법, 그리고 게임씽킹(Game Thinking)을 결합해 사람들이 스스로와 서로를 이해하는 과정을 설계해왔다. 그 여정 속에서 깨달은 건 단순했다. '나'를 이해하는 일이 곧 '우리'를 만드는 출발점이며, 개인의 성장이 팀의 역량이 되고, 그 시너지가 조직 전체를 바꾼다는 사실이었다.

특히 교육 현장에 게임을 접목했을 때, 놀라운 일이 일어나기 시작했다. 게임 속에서 사람들은 자신도 몰랐던 모습을 드러내고, 그 과정에서 서로를 이해하며 자연스럽게 협업의 리듬을 익혀갔다. 그것은 AI가 결코 대체할 수 없는, 인간만의 집단지성이 살아 움직이는 순간이었다.

'한결같이 좋은 일이 다 온다'는 뜻을 담은 한결다온교육연구소의 이름처럼, 그는 함께 생각하고 함께 성장하는 인간의 가능성이 조직과 사회를 바꾸는 가장 인간적인 지성이라 확신하며, 오늘도 사람들과 '다음 라운드'를 준비하고 있다.

강한결 지음
한결다온교육연구소 대표

E.mail. hdlab@hdlab.kr
Blog. www.hdlab.kr
Instagram. kyor0618

첫 번째. 보드게임 판에 조직이 보인다

혼자는 빠르다, 함께는 멀리 간다

우리는 살면서 한 번쯤은 '게임'을 해보았다. 어린 시절의 술래잡기, 컴퓨터와 모바일 게임, 카드나 주사위 보드게임, 수수께끼와 넌센스 퀴즈까지 모두 게임이다. 우리는 이미 수없이 많은 게임 속에서 살아왔다. 돌이켜보면 그 모든 순간이 즐거웠다. 승리를 향해 머리를 굴리고, 내가 움직인 결과가 눈앞에서 펼쳐지는 과정에 몰입했다. 혼자서도 재밌지만, 함께할 때 더 흥미진진했다.

중요한 점은 이 즐거움이 우연이 아니라 설계의 결과라는 사실이다. 우리가 빠질 수밖에 없는 장치가 숨어 있다면?

게임은 사람을 빠져들게 만들도록 철저히 설계된 장치다. '규칙-목표-피드백-역할'이라는 네 가지 요소가 치밀하게 맞물리기 때문에 누구라도 끌려 들어간다. 이는 게임만의 법칙이 아니다. 우리가 몸담은 조직에도 동일하게 작동한다. 다만 조직은 게임판보다 더 크고 복잡할 뿐이다. 30여 종 이상의 게임을 개발한 보드게임 제작 및 유통사 대표의 개발 관련 강의에서 들은 말이 아직도 귀에 남아 있다.

"보드게임은 우리가 살아가는 일상의 시스템을 간소화해 담아낸 것입니다."

정말 그렇다. 게임에는 분명한 규칙과 역할, 승리 조건이라는 목표가 있다. 그리고 그 안에서 몰입이 일어난다. 규칙이 모호하거나 목표가 흐릿하면 어떻게 될까? 금세 흥미를 잃고 판을 접는다. 조직도 마찬가지다. 목표가 불분명하고 역할이 비어 있으면 팀은 속도와 방향을 잃는다. 반드시 그렇게 된다.

이처럼 게임을 만드는 사고방식, '게임 씽킹(Game Thinking)'은 조직 운영에도 그대로 적용된다. 핵심은 단순하다.

"사람들이 푹 빠져 즐겁게 참여하게 하라."

규칙은 안전장치다

모든 게임에는 규칙이 있다. 규칙 없는 게임은 게임이 아니다. 가위바위보에도 명확한 승리 조건이 있다. 가위는 보자기를, 보자기는 바위를, 바위는 가위를 이긴다.

조직에서 규칙은 최소한의 안전장치다. 협업 과정에서 지켜야 할 것을 명시해야 반칙이 생기지 않는다. 규칙이 모호하면 혼란이 생기고, 성과 기준이 흐려지며, 이기적 행동이 만연해진다. 협업체계가 무너지는 건 순식간이다.

규칙은 합의된 약속이다. 모든 사람에게 공평하게 적용되어 공정성을 보장한다. 상대가 규칙을 어기지 않을 것이라는 믿음 위에서만 단단한 협업이 가능하다.

그래서 팀이 새로운 프로젝트를 시작하거나 요청, 갈등 사항이 생기면 규칙을 구체적으로 명시해 두는 게 좋다. 아니면 '이것만큼은 지키자' 하는 회의 규칙을 3가지만 적어서 회의실의 잘 보이는 곳에 붙여보도록 하자.

명확한 역할이 의욕과 즐거움을 부른다

〈월드 오브 워크래프트〉라는 온라인 게임이 있다. 과거에는 몬스터 한 마리를 잡으려고 25명이 모이기도 했다. 직업은 다양하지만 역할은 크게 세 가지다. 탱커(공격을 받아내는 역할), 딜러(강한 공격으로 피해를 주는 역할), 힐러(동료의 체력을 회복시키는 역할).

세 역할의 균형이 맞아야 몬스터를 쓰러뜨릴 수 있다. 그런데 25명 중 한두 명만 실수해도 동료가 연달아 쓰러지곤 한다. 자신의 역할을 제대로 수행하지 못한 결과다.

보드게임에도 협력형 게임이 많다. 서로 경쟁하는 대신 같은 목표를 향해 자기 차례에 할 일을 수행한다. 승리 조건을 달성하면 함께 성공하고, 달성하지 못하면 함께 실패한다. 이런 게임을 하다 보면 조직생활의 장면들이 겹쳐 보인다.

협력 게임에서는 자기 차례에 적절한 행동을 해야 팀의 승리를 도울 수 있다. 멍하니 있다가 엉뚱한 행동을 하면 동료들의 질타를 받는다.

결국 적절한 타이밍에 필요한 행동을 해내는가가 팀의 승패를 가른다. 주어진 역할에 충실한, 예측 가능한 플레이가 전체 흐름에 도움을 준다. 그 역할을 해냈을 때 뿌듯함이 밀려온다. 누구나 한 번쯤 '내가 팀에 기여했다' 하는 행복을 느껴 봤을 것이다.

중간 점검이 꼭 필요하다

내가 가장 좋아하는 보드게임을 꼽자면 〈맨하튼〉이다. 1994년 '독일 올해의 게임상'을 받은 명작으로, 규칙에 따라 건물을 쌓아 올리고 구역을 점령해 점수를 얻는 4인용 게임이다. 게임이 끝난 후 각 플레이어의 형형색색 건물이 펼쳐진 보드를 보는 재미도 있다.

이 게임은 총 4라운드로 진행되며, 라운드마다 점수를 집계해 보드 옆 점수판에 '점수 말'을 놓아 표시한다. 점수는 라운드가 지날수록 누적된다. 여기서 '전략'이 탄생한다. 격차를 직접 확인하면서 전체 판을 다시 보고 어떤 전략을 택해야 상대를 견제하면서 나도 살아남을지 다시금 생각하게 된다.

이 게임이 재미는 '빠른 피드백'에서도 나온다. '몬스터를 잡자 경험치 바가 즉시 오른다.'처럼 행동의 결과가 얼마나 빨리 돌아오는지가 몰입의 깊이를 좌우한다. 점수판에 즉시 반영되거나 라운드별로 체크되는 설계는 내가 잘하고 있는지 곧바로 점검할 기회를 준다. 그래서 더 집중하게 된다.

사람은 눈에 보이는 목표가 생기면 그것을 채우고 싶어진다. 대표적인 예가 커피 쿠폰이다. 10칸이 모두 빈 쿠폰보다, 12칸 중 두

칸이 미리 찍힌 쿠폰(남은 10칸 채우기)이 동기를 더 자극한다. 이를 '**보유진척 효과**'라고 부른다.

한 과제가 실제로 얼만큼 진행됐는지 눈에 보이도록 회의실이나 공용공간에 보이게 해보자. 빠른 피드백은 몰입을 끌어낸다.

회고의 시간, 승패보단 과정이 떠오른다

보드게임이 끝나면 잠시 대화의 꽃이 핀다. 아쉬움을 털어놓는 사람도, 승리를 기뻐하는 사람도 있다. 공통점이 있다. 자신의 플레이를 돌아본다는 것이다. 이긴 사람은 다음에 더 잘하기 위해서 잘된 선택을 공유하고, 진 사람은 실수 지점을 점검하며 차이를 분석한다.

모든 일이 매번 성공할 수는 없다. 다만 성공이든 실패든 그 과정에는 배울 점이 남는다. 승패의 결과만 말하는 조직에서는 발전의 포인트를 잡기 어렵다. 과정에서 쏟아진 수많은 신호를 놓치기 쉽기 때문이다.

함께하면 더 큰 지혜가 생긴다

게임은 언젠가 끝나지만, 조직의 게임은 계속된다. 그래서 중요한 건 승패가 아니라 '함께 즐기며 성장하는 법'을 익히는 일이다.

혼자서는 한계가 있는 과제가 있다. 복잡한 문제 해결, 새로운 아이디어 발굴, 큰 도전에 나설 때 같은 일들이다. 그러나 여러 사람이 함께 생각하기 시작하면 그림이 달라진다. 서로 다른 경험과 관점이 만나 예상치 못한 해답이 나오고, 혼자였다면 엄두조차 못 낼 일에 도전할 용기가 생긴다.

AI가 아무리 똑똑해져도, 복잡한 문제를 푸는 일과 새로운 가능성을 여는 일은 결국 사람들이 함께 머리를 맞댈 때 가능하다. 지식의 단순한 합이 아니라, 생각의 상호작용 속에서 새로운 차원의 집단지성이 만들어진다.

조직이 가장 똑똑해지는 순간은 바로 이때다. 각자가 역할에 몰입하면서도 서로의 아이디어를 빌려 쓰고, 함께 실수하고 배우며, 혼자서는 상상할 수 없던 결과를 만든다.

핵심은 하나다. 사람들이 즐겁게 몰입해 함께 움직이는가. 이것이 없으면 조직은 산만해지고 결국 멈춘다. 이 원칙을 지키면 우리는 더 깊이 빠져들고, 더 오래, 더 멀리 함께 나아간다.

두 번째. 운에 맡길 것인가, 전략으로 풀어갈 것인가

당신이 보드게임을 해본 경험이 있다면, 어떤 게임을 좋아하는가? 머리를 써서 한 수 한 수 쌓아 올리는 전략 게임인가, 주사위를 던지거나 순발력으로 즐기는 가벼운 게임인가?

한국 사람들은 대체로 '운 요소'가 큰 게임을 좋아한다.

"한국인은 보드게임 박스를 열었는데 주사위가 없으면 당황한다"라는 농담이 괜히 나온 말이 아니다. 누구나 쉽게 끼어들 수 있고, 실력 차이가 커도 승리가 돌아가며 온다는 점이 매력이다.

반면 독일·프랑스처럼 보드게임 문화가 발달한 나라에서는 무겁고 깊은 전략 게임을 선호한다. 정교하게 설계된 규칙, 낮은 운 요소로 서로의 수를 읽는 재미를 찾는다.

보드게임 제작자들은 항상 이 둘 사이에서 균형을 고민한다. 운이 많으면 접근성이 좋아지고, 전략이 많으면 깊이가 생긴다. 어느 쪽이 절대적으로 낫다고 단정하기는 어렵다.

하지만 현실 세계의 협업과 성과는 다르다. 성과를 '운'에 맡기는 태도는 프로답지 않다. 우리 일만큼은 전략을 세우고, 선택하며, 그 결과를 책임져야 한다.

운은 판을 만들고, 전략은 결과를 만든다

'스트림스(Streams)'는 강사들이 교육 현장에서 자주 쓰는 게임이다. 규칙은 단순하다. 각자 시트를 받고, 일렬의 빈칸 20개에 진행자가 부르는 숫자를 적는다.

어느 칸에 적을지는 본인이 결정한다. 20칸이 채워지면 오름차순으로 이어진 구간을 세어 점수를 계산한다.

흥미로운 지점은 모든 사람이 같은 숫자를 받는데 점수가 크게 갈린다는 사실이다. 어떤 날은 숫자가 기가 막히게 오름차순으로 무난하게 나오는 경우가 있다. 이때는 참여자들의 전체적인 평균 점수가 오른다. 그러나 1등과 꼴등은 여전히 갈린다. 같은 운을 받아도 어디에 어떻게 배치했는지가 결과를 갈라놓는다. 운이 판을 만들지만, 결과는 전략이 만든다.

'주사위'만 기다리면 판세가 흔들린다

'요트 다이스'는 다섯 개 주사위를 굴려 족보를 만드는 게임이다. 최대 세 번까지 다시 굴릴 수 있고, 보관·재굴림을 선택한다. 표면적으로는 전략이 있어 보이지만, 핵심은 주사위가 내 뜻대로 굴러가지 않는다는 점이다.

업무를 이렇게 운영하면 어떻게 될까. "이번에도 어떻게든 되겠지"라는 태도는 통제권을 내려놓는 일과 다르지 않다. 그래서 최소한 무엇이 내가 선택할 수 있는 영역(전략)이고, 무엇이 내가 통제할 수 없는 영역(운·환경)인지 구분해야 한다.

SWOT 분석이 그 구분을 돕는다. S(강점), W(약점)는 내가 가진 자원과 능력이고, O(기회), T(위협)는 외부 환경이다.

지난 프로젝트를 SWOT 기준으로 정리해보면 우리가 운에 얼마나 기대었는지, 전략적으로 선택할 수 있었던 부분을 얼마나 놓쳤는지 깨닫는다.

프로 세계에서는 '멋진 플레이를 많이 하느냐'보다 '얼마나 실수를 덜 하느냐'가 중요하다. 실수를 줄이는 가장 확실한 방법은 운에 덜 기댄 채, 실력과 전략의 비중을 키우는 일이다.

변수에 이름을 붙여라

전략을 촘촘히 세워도 변수는 사라지지 않는다. 누군가 갑자기 이직하고, 상위 조직의 방향이 바뀌고, 예산이 줄어든다. 많은 조직이 여기서 막힌다. 상황은 급한데 이름이 없어서 같은 문제를 서로 다른 말로 부르며 시간을 낭비한다.

예를 들어 부루마블의 '무인도'를 빌려 예상치 못한 제약 상황을 '무인도 상황'이라 부를 수 있다. 무인도에도 탈출 방법이 있듯, 완전히 막다른 길은 아니다. '무인도 상황'이라고 이름 붙이는 순간, 통제력은 줄었지만 탈출 경로는 있다는 인식이 공유된다. 지금 필요한 일은 그 경로를 찾는 전략 작업이다.

그리고 변수를 뚫어낸 전략은 '황금 열쇠'라고 부를 수 있다. 이번 무인도 상황을 빠져나온 전략이 우리 팀의 황금 열쇠다. 이렇게 쌓인 황금 열쇠가 많을수록 우리는 변수에 휘둘리는 조직이 아니라 변수를 다루는 조직이 된다.

협상 시간을 따로 마련하라

필자는 보드게임 동호회에서 새로운 게임을 자주 배운다. 설렘을 안고 가지만, 실수도 많이 한다. 다행히 보드게임 세계에는 초보자를 도와주는 '스승'들이 있다. 그들은 "지금은 이런 선택이 좋아요"라며 추천 전략을 알려준다.

게임을 하다 보면 내 선택이 누군가에게 피해를 줄 수도 있다. 그때 당사자가 "이쪽으로 두면 서로 점수가 더 좋지 않나요?"라고 제안하고, 다른 사람은 "그럼 저는 손해예요."라고 맞선다. 최종 선택권자는 묻는다. "그래서, 나한테는 뭐가 좋은가요?"

이건 단순한 농담이 아니라 협상과 토론의 장이다. 협업 현장도 같다. 각자 역할에 몰두하다 보면 전체 판을 보지 못해, 의도치 않게 팀에 손해를 주는 선택을 하기도 한다.

좋은 전략을 만들려면 협상과 토론 시간이 반드시 필요하다. 예컨대 회의 중간에 5~10분만 확보해 '제안하고 싶은 전략'과 '피하고 싶은 위험'을 포스트잇에 적어 교환해보자. 협상과 토론을 피하는 조직은 갈등을 줄이는 게 아니라, 새로운 선택지를 포기하는 것이다.

낯선 규칙을 일부러 택하라

보드게임을 잘하는 사람은 한 게임만 파지 않는다. 다양한 규칙·테마·전략을 접하며 판을 보는 눈을 넓힌다. 반대로 익숙한 게임만 반복하면 조금만 다른 규칙이 등장해도 적응에 어려움을 겪는다.

협업도 마찬가지다. 익숙한 방식, 같은 규칙 속에서만 일하면 효율은 더 이상 오르지 않는다. 오히려 나태해지고, 성과는 정체된다.

아인슈타인이 말했다. "**우리가 문제를 만들 때 사용했던 사고방식으로는 그 문제를 해결할 수 없다.**"

가끔은 완전히 낯선 규칙을 일부러 택해야 한다. 그래서 제안한다.

팀원 모두 가끔은 함께 보드게임을 해보자. 업무와 직접 관련 없어 보여도 괜찮다. 게임판 위에서 팀의 협상 스타일, 변수 대응력, 전략 감각, 규칙 습득 속도, 흐름을 보는 시야가 드러난다. 그 판 위에 '운에 맡기는 것'과 '전략으로 풀 수 있는 것'이 훨씬 더 선명해진다.

세 번째. 작은 반칙 하나가 협업 전체를 무너뜨린다

작은 룰 위반이 판을 식힌다

축구를 보면 반칙이 누적된 선수가 결국 퇴장되곤 한다. 문제는 그다음이다. 한 명이 빠지면 전술을 바꿔야 하고, 넓은 그라운드를 10명이 메운다. 공격은 자연스럽게 줄고, 팀은 수비적으로 움츠러든다. 퇴장당한 선수가 핵심 선수라면 다음 경기, 길게는 여러 경기까지 못 뛸 수 있다. 한 번의 반칙성 플레이가 팀에도 개인에게도 큰 손실을 남긴다.

게임에서도 사람들이 가장 예민해지는 순간은 반칙성 플레이가 나왔을 때다. 처음엔 "실수겠지" 하고 넘어가도, 비슷한 장면이 반복되면 마음속 판단이 바뀐다. "저건 고의다."

그러면 분위기는 금세 험악해지고, 더 이상 게임이 재미있지 않다. 협업의 현장에서도 비슷한 일이 벌어진다. 약속 시간을 매번 지키지 않는 동료, 정보를 제때 공유하지 않는 사람, 맡은 바 준비를 허술하게 해오는 사람. 이런 행동이 반복되면 팀원들의 의욕은 눈에 띄게 떨어진다. 규칙이 사람마다 다르게 적용될 때는 더욱 그렇다. 누구에게는 관대하고 누구에게는 유독 엄격하면, 그 조직에서 공정성을 기대하기 어렵다.

흥미로운 건, 반칙을 한 사람도 그 장면을 지켜본 사람도 모두 의욕이 꺾인다는 점이다. 대충해도 괜찮다는 인식이 학습되거나, "저렇게 하는데 내가 왜 열심히 하지?"라는 냉소가 자란다. 작은 반칙성 행동을 방치하는 것만으로도 협업은 서서히 무너지고, 팀의 성과와 개인의 성장 기회가 함께 줄어든다. 규칙의 적용이 일관되지 않고, 공정하지 않다는 것이 문제의 뿌리다.

규칙은 명확, 적용은 정확해야 한다

축구에서는 심판의 성향에 따라 경기 분위기가 완전히 달라진다. 사소한 반칙과 몸싸움에 관대한 경기에서는, 초반의 작은 파울이 제지되지 않으면 점점 더 거친 충돌로 번진다. 선수들은 어디까지 허용되는지 서로 실험하듯 몸을 부딪치다가, 결국 양 팀이 몰려와 언성을 높이는 장면으로 이어진다.

그때 심판이 경고를 주고 경기를 진정시킨다 해도 이미 어수선해진 분위기는 쉽게 가라앉지 않는다. 기준이 불명확한 경기에서는 정교한 플레이보다 판정 논란이 화면 대부분을 채운다. 승패와 무관하게 뒷맛이 나쁘다.

경기에 심판이 존재하는 이유는 단순하다. 선수들이 규칙 안에서 실력을 마음껏 펼치게 하려는 것이다. 규칙을 명확히 설명하고, 잘못을 바로잡고, 누구에게나 같은 기준을 적용하는 사람이 있을 때 선수들은 경기 자체에 몰입한다.

조직에서도 심판 역할이 필요하다. 리더일 수도 있고, 프로젝트별 책임자일 수도 있다. 중요한 건 명확하고 공정한 규칙이 먼저 있어야 심판 역할이 가능하다는 점이다. 규칙이 애매하면 위반을 지적하기도 어렵고, 지적하더라도 설득력이 떨어진다.

작은 반칙이 보이면 그때그때 짚어 주고 경고만 해도 많은 문제가 예방된다. '이 정도는 괜찮겠지'에서 시작한 행동이 누적되면, 어느 순간 팀 전체가 서로에게 반칙을 주고받는 과열된 분위기로 바뀔 수 있다. 협업은 그렇게 조용히 무너진다.

많은 조직에 규칙이 있기는 한데, 대개 머릿속에만 있다. 회의실이나 공용 공간에 잘 보이게 문서로 명시되어 있지 않고, 구성원들이 함께 만들지도 않는다. 예전에 누군가 정해 두고 "원래 우리 회사는 이렇게 해"라고 전해 내려오는 규칙도 많다. 그런 규칙이 지금 우리 팀의 상황과 맞지 않을 때도 수두룩하다. 때로는 리더 한 사람이 마음대로 정해놓은 룰이 암묵적인 압박으로 작동하기도 한다. 이런 규칙은 공정함을 세우기보다는 혼란을 키운다.

공정성 선언이 분위기를 바꾼다

게임의 본질은 규칙이다. 나와 상대가 같은 규칙을 적용받는다는 전제가 있어야 그 안의 플레이가 의미를 갖는다. 동일한 기준이 보장될 때 사람들은 제한된 조건 안에서도 역량을 최대치로 끌어올린다. 오히려 그 제약 덕분에 한계를 넘는 성취감을 느끼기도 한다.

그래서 조직의 규칙은 사람을 묶는 족쇄가 아니라 협업을 가능하게 만드는 최소한의 합의다. 합의된 규칙 안에서 성취를 만들면 유능감이 쌓이고, 그 경험이 다음 도전으로 이어진다.

보드게임은 개발자가 규칙을 설계해 우리에게 건넨다. 하지만 조직의 게임은 결국 우리가 만든다. 그렇다면 이번 프로젝트 안에서 함께 지킬 원칙을 팀원들이 직접 정하는 과정이 필요하다.

보드게임 규칙서의 틀을 빌려 팀 규칙서를 만들어 보자.

> 구성물: 팀원 명단과 예산·시간 등 우리가 가진 자원
> 게임 준비: 시작 전에 정리할 준비 사항
> 게임 목표: 이번 프로젝트의 최종 성과 한 문장으로 정리
> 게임 방법: 함께 지킬 핵심 규칙과 일하는 방식
> 게임 종료: 결과를 정리·공유하는 시점과 방법

규칙서는 회의실 벽이나 온라인 공간에 항상 보이게 게시해 둔다. 핵심은 리더의 단독 작성이 아니라, 팀이 함께 논의해 작성하는 과정 그 자체다. 그 과정이 곧 공정성에 대한 공개적 선언이 된다.

이미 많은 조직들이 자신들만의 재미있는 규칙을 만들고 있다. 아마존은 "피자 두 판으로 먹을 수 있는 **인원만 회의에 참석한다**"는 기준을 두고, 픽사는 "**스토리가 왕이다**"라는 원칙 아래 브레인트러스트 회의를 통해 자유로운 피드백을 주고받는다.

구글은 "**피드백은 선물이다**"라는 인식을 심어 동료 평가를 성장

의 도구로 삼는다. 이런 규칙들은 단순히 멋진 슬로건이 아니라, 그들의 일하는 방식을 지탱하는 실제 장치들이다.

익명 제보함이 공정성을 지킨다

규칙을 잘 정해도 어긋나는 순간은 온다. 습관은 쉽게 바뀌지 않고, 사람마다 기준이 다르기 때문이다. 중요한 건 작은 위반을 어떻게 다루느냐다.

스포츠에서는 주심만 판단하지 않는다. 부심과 비디오 판독이 중요한 장면을 여러 각도에서 확인한다. 공정성을 높이기 위해 여러 눈을 동원하는 셈이다.

조직도 비슷한 구조가 필요하다. 팀장이 모든 순간을 볼 수 없으니 서로가 서로를 돕는 장치를 둔다. 그중 하나가 익명 제보함이다.

익명 제보함은 몰래 고발하기 위한 상자가 아니라, 팀이 합의한 규칙이 잘 지켜지고 있는지 확인하는 도구다. 하지만 감시가 아닌 신뢰 유지를 목적으로 설계해야 한다. 그래서 제보에도 명확한 양식과 기준이 필요하다.

예를 들면 이런 항목들이다.

- 대상자
- 일시
- 위반한 규칙 번호
- 관찰된 사항

특히 '관찰된 사항'을 적을 때는 개인적인 해석이나 감정을 넣지 않고, 눈으로 본 것과 귀로 들은 것만 짧게 적도록 약속해야 한다. '늦게 왔다'라는 사실과 '태도가 불성실했다'라는 판단은 다르기 때문이다.

또, 한 번의 제보로 바로 결론을 내릴지, 두 번 이상 같은 내용이 반복됐을 때 조치를 취할지에 대한 기준도 미리 정해두면 좋다. 이런 합의가 있어야 특정인에게 불리하게 쏠리는 것을 막을 수 있다.

팀장은 중립적으로 확인하고, 필요 시 개별 면담이나 전체 공지로 문제를 다루어야 한다. 무엇보다 감정이 앞서기 쉽다는 걸 인식하고, 서두르지 않는 태도가 중요하다. 익명 제보함의 목적은 사람을 몰아세우는 게 아니라 서로의 신뢰를 지키는 것이다.

마니아의 태도를 배워라

이상적인 모습은 외부 제보보다 당사자의 자발적 인정에서 출발하는 문화다. 보드게임을 좋아하는 사람은 남의 에러보다 자기 에러에 더 민감하다. 게임이 끝난 뒤 "아, 내가 규칙을 잘못 이해해서 에러플을 했네."라며 스스로 아쉬워한다.

'에러플'은 에러 플레이, 즉 규칙을 잘못 적용한 플레이다. 게임에 몰입하다 보면 헷갈릴 수도 있고, 잘못된 선택을 할 수도 있다. 그래서 플레이 도중 "이게 맞나?" 싶으면 곧바로 규칙을 확인하고, 모임이 끝난 뒤에도 스스로 실수를 다시 살핀다.

그리고 깨닫는 순간, 결과보다 과정이 중요해진다. '승패가 아니라, 올바른 방식으로 했느냐가 더 중요하다'는 태도다.

동호회 채팅방에서도 "어제 에러플 두 개 발견했어요.", "내가 에러플을 해서 게임이 좀 이상했네요." 같은 말이 자연스럽게 오간다. 핵심은 실수를 숨기지 않는 것이다. 다음엔 더 잘하기 위해 스스로 드러내는 것이다.

조직에서도 이런 태도가 필요하다. 누군가 규칙을 어겼다면, 남들이 지적하기 전에 "이번 건은 제가 에러플을 했습니다."라고 먼저 인정할 수 있을 때 그 사람에 대한 신뢰는 오히려 높아진다. 완벽해서가 아니라, 실수를 대하는 태도 덕분에 신뢰가 쌓인다.

우리는 완벽할 수 없다. 다만 반칙성 행동을 당연하게 여기느냐, 작은 에러플도 스스로 돌아보고 인정하느냐에 따라 협업의 분위기는 전혀 다른 방향으로 흘러간다.

네 번째. 성과는 점수판이 있을 때 움직인다

분석과 점수판이 우리를 움직인다

게임이 왜 재미있을까? 성취감과 승리의 기쁨도 있지만, 근원에는 '몰입'이 있다. 몰입은 어떤 대상에 푹 빠져 시간 가는 줄 모르고 외부 자극을 자연스럽게 차단한 채 집중하는 상태다.

게임은 자발적 참여를 강제할 수 없다. 그래서 개발자는 플레이어가 스스로 빠져들도록 시스템을 치밀하게 설계한다. 게임은 플레이어를 몰입시키기 위해 계획된 장치다. 몰입을 만들지 못하면 상품 가치를 잃는다.

플레이어의 행동을 규정하는 핵심 동작을 '메커니즘'이라 부르는데 그 종류가 무려 200가지에 달한다고 한다. 요지는 이것이다. 플레이어의 '몰입'을 부르는 메커니즘 조합이 게임의 본질이라는 점이다. 보드게임을 만드는 작가들은 이런 '시스템'을 만드는 사람들이다.

예를 들어 〈부루마블〉을 떠올려 보자. 내 차례에 주사위를 굴리고, 이동해, 도착 칸의 사건을 처리하고, 자산을 취득·관리한다. 이 단순한 메커니즘 조합이 우리를 게임에 몰입하게 하는 시스템이 되는 것이다.

보드게임 작가들은 본능적으로 사람들이 몰입하는 요소를 잘 이해하고 구현해낸다. 현실도 다르지 않다. 우리는 가상 세계가 아니라 조직에서 일하지만, 같은 원리가 작동한다. 해법은 게임 씽킹(Game Thinking), 즉 "사람이 빠져들 수밖에 없는 구조를 현실 업무에 이식하는 것"이다.

난이도를 조절하라

사람들이 목표를 설정해도 실패하는 첫 번째 이유는 자기 객관화 부족, 둘째는 그 탓에 엉뚱한 목표를 세우기 때문이다. 몰입에는 두 개의 핵심 축이 있다. 하나는 과제의 난이도, 다른 하나는 자신의 수행능력이다.

난이도는 높은데 수행능력이 낮으면 불안이 앞선다. 반대로 난이도는 낮고 수행능력이 높으면 지루해진다. 둘 다 몰입을 깨뜨린다. 두 축이 비슷한 지점, 혹은 수행능력보다 약간 높은 난이도에서 몰입이 일어난다. 보드게임 작가나 비디오게임 개발자가 이 균형을 집요하게 맞추기 때문에, 우리는 게임에 빠져들어 시간 가는 줄 모른다.

많은 사람이 이 두 축이 몰입의 핵심이라는 사실을 모른다. 그래서 조직에서는 개인의 수행능력만 탓하기 쉽다. 수행능력을 고려하지 않은 미션을 던지면 불안이 커지고, 결국 지쳐 떨어진다.

보드게임 마니아가 친구들을 보드게임의 세계로 끌어들이려 할 때 이른바 '접대 게임'을 고른다. 이때 플레이 시간만 6시간이고 룰 설명에 30분~1시간이 필요한 게임을 들고 가면 어떤 반응이 나올까. 소중한 친구를 잃을 수도 있다.

처음에는 규칙이 간단하고 운 요소가 조금 섞인 〈할리갈리〉, 〈루미큐브〉, 〈달무티〉, 〈라스베가스〉 같은 게임을 소개한다. 그렇게 몇 번 함께 하다 보면 초보였던 친구의 수행능력이 점차 오른다. 그때 난이도를 한 단계씩 높여야 비로소 보드게임 마니아로 성장한다.

조직도 같다. 구성원의 수행능력을 파악하고, 그에 맞춰 난이도가 다른 미션을 배분해야 한다. 혹은 협업으로 난이도를 분산시켜 함께 풀어 나가도록 환경을 만들어야 한다.

실무 적용을 위해, 앞으로의 업무를 '미션'이라 부르고 난이도 5단계로 구분해 보자. '하-중하-중-중상-상'처럼 표시를 통일해 회의나 문서를 만들 때 활용해 보자. 그러면 구성원은 어떤 업무인지 미리 파악하고, 자신의 능력에 맞춘 지원과 자원을 요청할 수 있는 시스템을 이룰 수 있다.

작은 승리를 기록하고 보상해라

몬스터를 잡거나 퍼즐을 풀어 경험치를 쌓아 레벨업하는 시스템을 갖춘 게임이 많다. 그런데 몰입을 만드는 또 하나의 핵심 요소가 있다. 바로 '피드백'이다.

우리가 흔히 말하는 피드백(도움이 되는 의견)과 달리, 게임에서의 피드백은 '완료한 행동의 결과가 즉시 눈에 보이는 것'을 뜻한다. 경험치 수치가 올라가고, 보상이 떨어지고, 포인트가 쌓여 능력을 업그레이드한다든가 하는 장치가 여기에 해당한다.

보드게임에서는 이런 피드백을 점수로 환산해 제공하거나, 시각적으로 드러나게 설계한다. 명절에 많이 하는 '고스톱'만 봐도 피드백이 분명하다. '광(光)'이 두 장 들어오면 자신의 점수 구역에 '광(光)' 화투 두 장이 깔리고, 누가 봐도 상대가 한 장만 더 따오면 승리한다는 사실이 즉시 드러난다. 그러면 상대는 이를 방해하거나 다른 조건으로 점수를 따는 전략을 곧바로 고민하게 된다.

이처럼 피드백은 동기 부여이자, 전략 수정의 지표다. 핵심은 지금 내가 어디에 와 있는지를 눈으로 확인할 수 있게 하는 것이다.

'내 일이 어디에 기여하고 있는지, 얼마나 더 해야 하는지, 전체 진행은 어디쯤인지, 내가 잘하고 있는지.' 실제 업무에서도 우리는 한 번쯤 생각한다. 머리로 설명을 듣고도 눈에 보이지 않으면 체감하기 어렵다는 게 사람의 본능에 가까운 듯하다.

그래서 프로젝트를 맡으면 진행도와 개인 상태를 점수화하거나, 시각화해 확인하는 시스템을 마련하는 편이 좋다. 이를 위해서는 목표 달성에 필요한 행동을 세분화·구체화해야 한다.

목록을 만들고 그 아래에 세부 과제와 해야 할 행동을 리스트로 정리하자. 이런 작업이 선행되어야 진행도를 정확히 파악할 수 있다. 모두가 잘 보이는 곳에 체크리스트를 두고, 회의 때 성과를 공유해 공용 표나 점수판에 기록하는 방식을 권한다. 작은 목표라도 달성했을 때는 반드시 기록하자. 무언가 쌓여 있으면 더 쌓고 싶어지는 심리가 작동한다.

마무리 단계에서는 MVP를 뽑거나 조직의 기준에 맞춘 적절한 보상을 제공하면, 구성원들은 더 가볍고 즐겁게 다음 일을 시작한다. 큰 보상이 아니어도 충분하다. 예를 들어, 점심식사 1회 비용 면제권, '팀장이 쏜다' 커피 1회 무료 이용권, 30분 일찍 퇴근권처럼 조직 환경에 맞춘 재미있는 쿠폰을 만들어 보자.

이렇게 작은 승리를 눈에 보이게 기록하고, 즉시 보상하면 팀의 몰입 곡선이 안정적으로 유지된다.

끝나면 회고하라

요즘 바둑을 즐기는 사람은 예전보다 적지만, 바둑 자체를 모르는 사람은 드물다. 나는 어릴 적부터 아버지 덕분에 TV 중계를 자주 봤는데, 특히 인상 깊었던 장면이 있다. 대국이 끝나 승패가 갈린 뒤 돌을 모두 치우고 처음부터 다시 두는 모습이다. 이것을 '복기(復棋)'라고 한다.

복기는 프로 기사 두 사람이 자신들의 수를 처음부터 순서대로 다시 놓으면서 흐름을 분석하고, 다른 수(대안)에 대해 의견을 주고받는 과정이다. "내가 어디서 판단을 놓쳤는지", "상대의 좋은 수는 무엇이었는지"를 짚어 다음에 더 잘 두기 위한 학습 과정이다.

프로젝트나 업무도 같다. 끝나면 반드시 회고 시간을 갖자. 앞서 다룬 '난이도와 수행능력'의 균형, 피드백의 적시성과 품질, 과정에서 보완이 필요했던 지점을 허심탄회하게 공유하는 것이 중요하다. 그래야 다음 업무를 설계할 때 조정이 이뤄지고, 팀 전체의 효율과 집중도가 실제로 올라간다.

성과가 좋았다고 해서 과정을 돌아보지 않으면 조직은 성장의 속도를 잃는다. 변수가 바뀌면 같은 방식이 통하지 않을 수 있기 때문이다. 바둑에도 똑같은 대국은 없다. 그래서 오히려 복기가 필요하다. 상황이 수없이 달라져도 일관되게 관통하는 '핵심 문제'를 식별하고, 성공 확률이 높은 선택을 찾기 위해서다.

예상치 못한 상황에 대비하려면, 수행 과정에서 드러난 사고 방식, 감정의 변화, 문제 처리 방식을 잘 기록하고 정리해 팀과 공유하며 내재화해야 한다. 이 과정이 다음 문제 앞에서 흔들리지 않는 기반이 된다. 회고는 결과를 탓하거나 변명하는 시간이 아니라, 핵심을 바라보는 눈을 기르는 훈련이다. 특정 업무가 끝났을 뿐, 우리의 일은 계속된다.

때론 포기도 전략이다

〈다크 소울〉이라는 게임이 있다. 직접 해보진 않았지만, 어렵다고 악명 높은 게임이다. 그런데도 이 어려움을 즐기는 마니아가 많다. 게임의 별명은 '유다희'다. 주인공이 죽을 때 화면에 "You Died"가 뜨는데, 게임이 어려워서 여러 번 죽은 유저들이 이를 한국어처럼 읽다가 붙은 별명이다.

누군가에겐 최고의 재미지만, 나는 이런 장르를 그다지 좋아하지 않는다. 조작에 서툴고 성격도 급해서 요리조리 피하고 정밀하게 한 대씩 치는 플레이가 답답하게 느껴진다.

취향의 문제다. 그런데 조작이 서툰 사람이 끝까지 같은 방식으로만 덤비면 어떻게 될까? 진척은 없고, 시간만 과하게 든다. 수행능력 대비 난이도가 너무 높으면 흔히 겪는 상황이다.

조직에서도 남들이 좋다 해서, 혹은 관성 때문에 우리에게 맞지 않는 일을 시작할 때가 있다. 이때 효율은 급격히 떨어지고 리스크는 커진다. 많은 사람이 '책임감'을 이유로 포기를 금기로 여기지만, 진짜 책임감에는 두 가지가 있다.

끝까지 해내는 힘, 그리고 지금 우리의 역량·자원·시점에 맞지 않는 일을 **빨리 내려놓는 판단**이다.

몰입이 전혀 생기지 않고 시간만 잡아먹는 일이 계속된다면, 과감한 중단을 검토하자. 몰입이 되지 않는 이유가 있다는 뜻이다. 어디가 문제인지 객관적으로 분석하고, 회의를 통해서 문제 요소를 제거하거나 프로젝트 자체를 포기하는 결정을 해야 한다.

그 편이 손실을 줄일 때가 많다. **팀이 흔들리지 않으려면 중단 기준이 명확해야 한다.**

기억하자. 수행능력을 끌어올리려면 시간이 걸리지만, 난이도는 비교적 빨리 조절할 수 있다. 프로젝트를 접거나 축소할 타이밍의 기준을 문서로 정리하고, 실제 사례에 적용해 업데이트해 보자.

다섯 번째. 당신이 주사위를 던지는 방식

게임판에서는 성향이 드러난다

2000년대 초, 몇몇 대기업은 1박 2일 워크숍 형태의 면접을 도입했다. 정장 입고 앉아 있는 전통 면접만으로는 그 사람이 실제로 어떻게 움직이고 협업하는지 보기 어려웠기 때문이다. 그래서 게임을 하고 과제를 함께 풀고 밤샘 토론까지 시켜보며 '말이 아니라 실제 움직임'을 보려 했다.

보드게임에서도 비슷한 장면이 나온다. 묵묵히 자기 차례를 기다리는 사람이 있고, 사람들과 떠들며 분위기를 띄우는 사람이 있다. 어떤 이는 규칙서를 끝까지 읽어보지만, 어떤 이는 카드와 말을 만지며 감으로 파악한다. 옳고 그름의 문제가 아니라 각자의 스타일과 기질이 자연스럽게 드러난다.

재미있는 점은, 이게 꾸미기 어렵다는 사실이다. 면접에서는 "활동적이고 진취적입니다."라고 말할 수 있다. 그러나 실제 게임이 시작되면 사람은 자기 방식대로 움직인다. 게임은 사람을 몰입시키고, 몰입은 본성을 끌어올린다.

게임판에서 드러나는 성향은 협업 현장에서 우리가 몰입할 때의 모습과 닮아 있다. 나와 상대가 게임을 할 때 어떤 플레이를 하는지 가만히 관찰해 보자. 그게 곧 조직에서의 장점과 주의점에 대한 힌트다. 결국 성향을 알게 되면 나에게 맞는 역할이 보이기 시작한다.

성향을 알면 역할이 보인다

영국의 게임학자 리처드 바틀은 온라인 게임 플레이어를 네 가지 유형으로 나눴다. **성취가형, 사교형, 탐험가형, 킬러형**이다. 이 네 가지는 보드게임, 일, 협업에도 그대로 적용된다.

성취가형은 승리를 분명한 목표로 본다. 규칙을 빠르게 파악하고 승리 조건을 분석해 최적의 전략을 찾는다. 이런 사람은 '성과를 내는 구조'를 설계하는 데 강하다. 다만 승리에 대한 집착이 지나치면 타인의 감정과 다른 의견을 가볍게 여기고, 때로는 반칙에 유혹을 느낄 수도 있다.

사교형은 사람과 어울리는 순간 자체를 즐긴다. 이기는 것도 좋지만 함께 웃고 이야기하는 시간이 더 중요하다. 분위기를 부드럽게 만들고 소외되는 사람이 없게 살피지만, "좋은 게 좋은 거지"라는 태도로 승부욕까지 내려놓으면 팀의 추진력이 약해질 수 있다.

탐험가형은 게임의 구조와 의미에 끌린다. 테마와 규칙이 기가 막히게 맞아떨어지는 순간 혼자 감탄한다. 시스템의 숨은 의도, 변칙 전략, 새로운 조합을 발견하는 데 강하다. 다만 반복적이고 의미 없는 작업에는 빠르게 흥미를 잃고, 협업이나 경쟁 자체에는 관심이 적을 수 있다. 자율성이 보장될수록 빛난다.

킬러형은 경쟁과 영향력을 즐긴다. 자신이 이기는 것도 중요하지만 상대를 흔들고 판을 바꾸는 데서 쾌감을 느낀다. 심리전을 잘하고, 팀플레이에서도 상대 팀을 교란하는 전략에 능하다. 그러나 조율하지 않으면 동료에게 부담을 줄 수 있다.

어느 유형이 좋고 나쁘다는 건 없다. 강점과 약점이 다를 뿐이다. 문제는 자신의 유형을 모를 때 생긴다. 성취가형인데 사람 챙기는 역할을 계속 맡으면 지치고, 사교형인데 결과만 밀어붙이는 자리에 서면 오래 버티기 어렵다. 반대로 성향과 역할이 맞아떨어지면 스트레스는 줄고 시너지는 커진다.

그래서 팀원들과 가벼운 게임부터, 전략 게임까지 한두 번 함께 해보는 것이 좋다. 판 위에서 드러난 특징과 행동 패턴을 같이 이야기해 보자. "나는 조건 계산을 좋아하네", "저 친구는 사람 챙기기가 자연스럽구나" 같은 문장이 나오기 시작하면 이미 역할 설계의 절반은 끝난 셈이다.

맞는 역할은 꾸준함을 만들고 꾸준함은 신뢰를 만든다

혼자 있을 때 하게 되는 취미나 자꾸 손이 가는 일들. 대개 '편하거나 정말 좋아서' 하는 것이다. 사람은 싫어하는 일을 꾸준히 하기 어렵다.

협업도 마찬가지다. 내 성향과 맞는 역할을 맡으면 심리적 안정감이 생기고, 유능감이 따라온다. 시간이 지날수록 실력은 붙고, 주변의 신뢰도 함께 쌓인다.

협력 보드게임 〈하나비〉를 떠올려 보자. 자기 패는 못 보고 남의 패만 본 채 힌트를 주고받아 불꽃놀이를 완성하는 게임이다. 누군가는 힌트를 정교하게 설계하고, 누군가는 전체 판을 기억하며 흐름을 잡는다. 어떤 사람은 계속 의견을 내고, 어떤 사람은 그 의견을 확인하며 빠르게 수를 실행한다.

겉으로는 적극적으로 말하는 사람만 눈에 띄지만, 함께 검토하고 실행해 주는 사람도 같은 만큼 기여한다. 전략을 짜는 역할과 그 전략이 잘 돌아가도록 지지·보완하는 역할이 맞물릴 때 협력 게임은 가장 잘 굴러간다.

문제는 역할 구분이 애매할 때다. 각자 다른 전략을 들고 부딪히기만 하면 게임은 망가지고 감정도 상한다. 그러고 나면 "쟤랑은 협력 게임 못 하겠다."라는 말이 절로 나온다. 협업에서도 똑같다.

그래서 업무가 끝난 뒤, 협업 과정에서 내가 기여한 부분을 세 가지 정도 적어보면 좋다. 어떤 포인트에서 힘을 냈는지 스스로 정리하는 것이다. 그리고 다른 팀원에게서 도움받은 점도 1~3개 적어 보자. 그러면 키워드가 보이기 시작한다.

어떤 사람은 '아이디어 정리', '자료 조사', '진행 체크'가 반복되고, 어떤 사람은 '분위기 메이킹', '중재', '고객 입장에서 보기' 같은 표현이 올라온다. 내가 적은 키워드는 내가 중요하게 여기는 가치이자 강점이고, 남이 적어 준 키워드는 내가 생각보다 잘하면서도 당연하게 여겨 놓쳤던 영역일 수 있다.

이렇게 모은 키워드를 보면, 누구를 어디에 세워야 서로가 덜 힘들고 오래 갈 수 있는지 계산이 선다.

렌즈를 바꾸면 선택지가 늘어난다

협업에는 다양한 역할이 필요하다. 생각이 다른 사람이 반드시 있어야 전략의 폭이 넓어진다. 그런데 우리는 대체로 '나와 다른 사람'을 피하고 싶어 한다. 불편해서다.

필자가 강의에서 자주 쓰는 게임이 있다. 〈플립〉이라는 게임이다. 구조는 단순하다. 처음에는 각자 자신의 단점이 적힌 카드로 이야기를 나눈다. 이어 그 카드들을 봉투에 넣어 섞은 뒤 다시 나누어 갖고, 이번에는 같은 카드의 뒷면에 적힌 '장점'을 읽어 준다.

예를 들어 앞면에 '다른 사람 눈치를 너무 본다'가 적혀 있으면, 뒷면에는 '다른 사람을 잘 배려한다'가 적혀 있다. 같은 특성을 전혀 다른 언어로 바라보는 셈이다.

게임이 끝날 즈음 표정이 바뀐다. 처음에는 단점을 말하며 어색하게 웃던 사람들이, 끝에는 "어? 이게 장점이 될 수도 있겠네?"라는 느낌을 받는다. 같은 행동도 어떤 렌즈로 보느냐에 따라 완전히 다르게 읽힌다는 사실을 체감한다.

협업도 마찬가지다. 우리는 상대의 단점을 빨리 포착한다. 답답한 의사결정, 느린 속도, 과한 꼼꼼함, 지나친 추진력. 그러나 단점만 보면 함께 일하는 것이 점점 괴로워진다.

어떤 성향도 한 방향으로만 읽을 수 없다. 느리지만 꼼꼼한 사람은 치명적인 실수를 줄여 주는 방파제가 되고, 밀어붙이는 사람은 아무도 결정하지 못할 때 판을 여는 스타터가 된다. 중요한 건 나와 타인을 볼 때 단점만 보지 않고, 그 반대편 장점까지 함께 보려는 시도다.

그렇다고 낭만적으로만 보자는 뜻은 아니다. 전략이 막히거나 문제 정의가 꼬일 때는 '이 문제를 반대로 뒤집어 보면 어떨까?'를 진지하게 시도하자.

넷플릭스의 시작도 여기에 가깝다. 사람들이 '비디오를 더 잘 빌리는 방법'을 고민할 때, 넷플릭스는 '아예 빌리러 가지 않으면 어떨까?', '연체료라는 개념을 없애면 어떨까?'를 물었다. 문제를 정면에서만 보지 않고 뒤집어서 본 것이다.

협업과 역할도 같다. "이게 문제야"에서 멈추지 말고, "내가 못 본 면은 없을까?"를 한 번 더 묻자. 그 한 번이 새로운 선택지를 만든다.

속단은 판을 망친다

사람이 실수할 때는 두 경우가 많다. 완전히 처음일 때, 그리고 이제 다 안다고 믿을 때다. 전자는 미숙함에서, 후자는 과신에서 온다.

과신은 '자신감의 함정'이다. "이 정도야 다 알지"라는 마음이 들면 정보를 충분히 모으지 않고, 상황을 깊게 보지 않은 채, 너무 빠르게 결론을 내린다. 이것이 속단이다.

협력 보드게임 〈팬데믹〉을 떠올려 보자. 각자가 역할을 맡아 전 세계로 퍼지는 전염병을 함께 막는 게임이다. 판을 제대로 읽지 않고 감만 믿고 움직이면 어떻게 될까? 몇 번 움직이기도 전에 전염병 큐브가 곳곳에서 터지고, 순식간에 패배 조건에 도달한다.

게임에서조차 이 정도라면 현실 프로젝트는 말할 것도 없다. 상대의 의도를 충분히 듣지 않고, 데이터도 보지 않은 채, "내가 보기엔 이거야"라고 결론부터 던지면, 순간은 시원할지 몰라도 결국 더 큰 비용을 치른다.

그래서 협업에서는 아무리 급해도 잠깐의 정지가 필요하다. 지금 보이는 정보가 충분한지, 놓친 변수가 없는지, 한두 단계 뒤의 상황은 어떤지 간단하게라도 확인해야 한다.

문제가 생겼을 때 해결책만 바로 꺼내기보다, 이 문제에서 파생될 수 있는 상황을 쭉 적어 보자. 비슷한 것끼리 묶고, 시간순으로 배열하는 것만으로도 전혀 다른 선택지가 눈에 들어온다.

2부

사람과 사람이 통하는 순간, 생각이 연결된다

/ 3장 /

대화의 온도
말 한마디가 흐름을 바꾼다

그녀와 대화를 나누고 나면 마음 한구석이 따뜻해진다. '판을 바꾸는 커뮤니케이터'라는 그녀의 별명처럼, 굳어 있던 공기가 한마디에 풀리고, 사람들의 시선과 표정이 바뀌는 순간을 그녀는 10년 넘게 방송과 강의, 수많은 현장에서 직접 만들어왔다.

그녀는 말한다. 같은 내용의 회의라도 누군가 한 사람의 말투와 접근 방식에 따라 조직 전체의 분위기가 달라진다고. 그 수많은 현장을 경험하며 깨달았다. 말의 온도가 곧 조직의 온도이며, 그 온도가 성과와 관계의 질을 좌우한다는 것을 말이다.

그녀는 '스피치 온도'와 '대화의 온도'라는 두 축을 중심으로 실제 현장에서 작동하는 소통의 기술과 심리의 원리를 체계화했다. 이를 통해 사람들의 말이 단순한 전달을 넘어 상대의 마음을 움직이는 언어로 변화하도록 돕고 있다.

이세경의 강의는 화려한 언변이 아니라, 조직 안에서 진심이 작동하는 구조를 세우는 데 초점을 둔다. 대화의 온도를 바꾸면, 사람은 변하고 관계는 살아난다는 것, 그 변화의 흐름을 설계하는 것이 이세경 대표의 사명이다.

이세경 지음
스피치 커뮤니케이션 전문가,
합격 스피치 커뮤니케이션 대표

E-mail. hgspeech@naver.com
Blog. blog.naver.com/hgspeech
Instagram. dj._.se

첫 번째. 말의 온도가 관계를 살린다

차가운 말은 벽을 세우고, 따뜻한 말은 길을 연다

온도(溫度)는 원래 차고 뜨거운 정도를 수치로 표현한 개념이지만, 우리는 일상에서 이 단어를 훨씬 더 넓게 쓴다. 사람의 태도, 분위기, 말투에도 온도가 있다는 걸 우리는 본능적으로 안다.

"오늘 온도가 높다"라고 하면 기온을 뜻하지만, "저 사람 말투가 차갑다"라는 말은 상대가 건조하고 무뚝뚝하다는 인상을 담는다. 반대로 "이 팀의 온도가 따뜻하다"는 말에서는 서로가 연결되고 안전하게 느껴지는 관계의 결을 느낄 수 있다. 결국 대화 속에도 분명 온노가 존재한다.

2025년 여름, 한 IT기업의 회의실. 에어컨 바람이 차갑게 흐르는 공간에서 부장과 팀원이 마주 앉아 있었다.

"이 자료, 이게 최선입니까? 다시 해오세요."

부장의 목소리는 서늘했다. 팀원은 어깨를 잔뜩 움츠렸다. 순간,

공기는 얼어붙었고 팀원의 마음 문은 닫혔다. 한마디 말이 곧장 벽을 세운 것이다. 며칠 뒤, 같은 사람들, 같은 상황.

이번엔 부장이 잠시 숨을 고르고, 미소를 띠며 말했다.

"이 부분만 살짝 바꿔보면 더 좋아질 것 같아요. 의견은 어떠세요?"

그 순간 팀원의 표정이 환해졌다. 서로의 눈빛이 마주쳤고, 대화가 다시 흘러가기 시작했다. 단어 몇 개 차이였지만, 말의 온도는 완전히 달랐다.

왜 이런 일이 벌어질까? 인간의 뇌는 논리보다 감정을 먼저 해석한다. 차가운 말은 공격 신호로 받아들이고, 따뜻한 말은 안전 신호로 받아들인다. 그래서 똑같은 내용이라도 말의 온도가 관계의 흐름을 결정한다.

대부분 이런 경험이 있을 것이다. "왜 이렇게 했어?"라는 날카로운 질문은 금세 방어벽을 세우게 한다. 그런데 "이렇게 해보면 어떨까?"라는 제안은 열린 마음으로 듣게 만든다. 말의 끝을 바꿨을 뿐인데 대화의 흐름은 완전히 달라진다.

벽을 세우는 언어와 길을 여는 언어, 그 차이는 결국 내 입에서 나오는 한마디에 달려 있다. 그렇기에 말을 꺼내기 전, 이렇게 스스로에게 물어보는 습관이 필요하다.

"내가 지금 하려는 이 말은 상대의 문을 닫게 할까, 아니면 함께 성장하는 길을 열어줄까?"

말투가 메시지를 결정한다

사람들은 흔히 '무슨 말을 했는가'에 집중하지만, 사실 상대가 더 크게 느끼는 것은 '어떻게 말했는가'다. 말의 온도는 단어보다 '말투'에서 더 강하게 드러난다. 빠르고 날카로운 톤은 같은 내용도 지적처럼 들리게 하고, 천천히 안정된 톤은 마음을 열게 만든다.

커뮤니케이션 연구를 보면, 같은 메시지도 어조와 속도, 목소리의 높낮이에 따라 수용성과 신뢰도가 크게 달라진다고 한다. 인간은 내용보다 목소리에서 감정을 먼저 읽어내기 때문이다.

그렇다면 우리는 어떻게 말투의 온도를 관리할 수 있을까? 여기 대화를 따뜻하게 만드는 세 가지 말 습관이 있다.

첫째, 중요한 말은 한 박자 늦춰서 말한다.

말하기 전, 속으로 '하나, 둘'을 세고 시작하면 속도가 조절된다. 급한 말보다 조금 늦은 말이 훨씬 신뢰감을 준다.

둘째, 말의 끝을 낮고 부드럽게 마무리한다.

같은 문장도 끝을 올리거나 날카롭게 마치면 상대는 지적처럼 느낀다. 반대로 낮고 부드럽게 마무리하면 안정과 신뢰의 메시지가 전달된다.

셋째, 대화 도중 '내가 지금 압박하고 있진 않은가'를 점검한다.

내 의도는 조언이지만, 상대가 압박으로 느낀다면 결국 소통은 실패다. 순간순간 스스로를 점검하는 습관이 필요하다.

결국 말투가 메시지를 완성한다. 내용은 같아도 말투에 따라 벽이 될 수도, 다리가 될 수도 있다.

작은 한마디가 분위기를 바꾼다

"고생했어."

이 짧은 한마디도 때로는 공허하게 들린다. 하지만 "네가 자료를 미리 준비해줘서 회의가 훨씬 빨라졌어"라고 말하면 상황은 달라진다. 상대는 자신이 구체적으로 기여했다는 사실을 인정받으며 동기 부여를 얻는다.

가정에서도 마찬가지다. "오늘 숙제 잘했어"보다 "오늘 너 혼자 수학 문제 풀려고 노력하는 모습이 멋졌어"라는 말이 아이의 자존감을 더 단단하게 한다.

나 역시 완벽을 요구받던 시절이 있었다. 시험에서 90점을 받아도 "100점 맞은 애도 있잖아"라는 말을 들으면 늘 부족하다고 느꼈다. 그래서 작은 실수조차 죄책감으로 이어졌다.

그런데 아버지는 달랐다. 당신은 학창시절 1등을 놓치지 않았던 분이었지만, 나에게는 "결과보다 과정이 더 중요하다. 최선을 다했으면 됐다"라고 말씀해주셨다. 그 한마디가 나를 지탱해줬다. 그래서 우리 집 가훈도 "최선을 다하자"가 되었다.

조직에서도 마찬가지다. 실수 없는 100점짜리 성과만 요구한다면 사람들은 위축되고, 창의성은 사라진다. 반대로 "이번에 시도한 방식에서 배울 게 많았다", "아이디어를 내줘서 고맙다" 같은 말이 오가는 조직은 실패를 학습 자산으로 전환한다.

실제로 엔론(Enron)은 실수를 억압하는 문화 때문에 문제가 은폐되고 결국 붕괴했다. 부채를 숨기고 이익을 조작한 대규모 회계 부정으로 2001년 파산한 엔론 사태는 미국 기업지배구조 전반을 뒤흔든 대표적 스캔들이었다. 반대로 구글(Google)은 '심리적 안전감'을 핵심으로 삼아, 실패와 제안을 환영하는 분위기를 만들었고 혁신의 토양을 일궜다. 실패를 허용하는 말 한마디가 기업 전체의 미래를 바꿀 수 있음을 보여주는 사례다.

실패(失敗)라는 단어를 뜯어봐도 그렇다. '놓쳐서 깨진다'는 뜻이지만, 달리 보면 다시 시작할 수 있는 여지를 품고 있다. 실패를 다루는 우리의 말 한마디가 **좌절을 남길 수도 있고, 새로운 도전의 출발선이 될 수도** 있다.

결국 대화의 온도는 거창한 게 아니다. "수고했어"를 "네가 마지막에 넣은 요약 슬라이드 덕분에 발표가 쉬워졌어"로 바꾸는 것.

"힘내"를 "지난번에도 버텨냈잖아, 이번에도 잘 해낼 거야"로 바꾸는 것. 조금의 온도를 더 하는 것뿐이다.

작은 한마디가 벽을 허물고, 마음을 열고, 흐름을 바꾼다.

아버지의 따뜻한 말 한마디가 나를 지탱해준 것처럼, 우리 모두는 말의 온도를 통해 서로에게 힘이 되어줄 수 있다.

혹시 오늘 내 옆 동료에게 어떤 말을 건넸는지 돌이켜보자. 그 말이 상대에게는 어떤 온도로 전해졌을지, 그 온도를 가만히 느껴보자.

"이거 언제까지 될까요?" 대신 "이 일정으로 진행하면 괜찮을까요?"라고 물어보는 것. "왜 이렇게 됐죠?" 대신 "어떤 상황이었는지 들어볼까요?"라고 말하는 것. 작은 차이지만 동료에게는 완전히 다른 온도로 전해진다.

때로는 힘들고 때로는 불안한 가운데 일하고 있는 자신처럼, 매일 마주하는 동료들도 마찬가지다. 누군가 내게 따뜻한 한 마디를 건네길 바라기보다, 먼저 건네는 따뜻한 한마디가 그들에게 하루를 버티게 하는 힘이 될 수도 있다. 그리고, 그 힘이 더 따뜻한 온기를 머금고 당신에게 분명 돌아올 것이다.

두 번째. 같은 말을 해도 왜 다르게 들릴까?

대화라는 것은 정말 신기하다. 내가 한 말로만 이루어지지 않는다는 점에서 말이다. 같은 공간에서 같은 말을 듣지만 그 말이 각 사람의 마음에 가 닿는 온도는 전혀 다를 수 있다. 말은 분명히 소리지만, 그 소리가 마음에 닿을 때는 전혀 다른 의미가 된다. 말은 언제나 듣는 사람의 마음에서 다시 번역된다.

의도와 영향 사이의 간극

방송을 진행하면서 가장 많이 경험하는 것 중 하나가 이것이다. 게스트에게 건넨 질문 하나가 전혀 의도하지 않은 방향으로 흘러가는 순간들. 예를 들어 어떤 게스트의 성취를 칭찬하려고 그동안 힘들었을 것 같다고 말했는데, 그분이 갑자기 움찔하며 표정이 굳어지는 경우가 있다. 나는 분명 응원의 뜻으로 말했는데, 그분에게는 마치 고생스러웠다는 동정으로 들렸던 것이다.

그런 순간이 오면 스튜디오 안 공기가 미묘하게 변한다. 게스트는 어색한 미소를 지으며 "아니에요, 힘들지 않았어요."라고 방어적으로 대답하고, 나는 당황해서 서둘러 다른 질문으로 넘어간다. 분명 같은 말이었는데 한 사람에게는 격려로, 다른 사람에게는 동정이나 심지어 무시로 들린다는 것을 몸소 체험하는 순간이다.

강의 현장에서도 비슷한 일들이 반복된다. 교육생의 발표가 끝난 뒤 나쁘지 않다고 평가했을 때, 어떤 사람은 안도의 표정을 짓지만 어떤 사람은 실망한듯한 얼굴을 한다. 똑같은 말인데도 한 사람에게는 인정으로, 다른 사람에게는 아쉬움으로 전달되는 것이다.

특히 기억에 남는 것은 한 대기업 임원 교육에서 있었던 일이다. 같은 팀 내 두 명의 과장급 직원이 각각 발표를 마쳤을 때, 나는 똑같이 "준비를 많이 하신 게 느껴집니다."라고 말했다. A과장은 고개를 끄덕이며 감사하다고 했지만, B과장은 어색한 표정을 지으며 "더 잘할 수 있었는데"라고 중얼거렸다. 나중에 알고 보니 A과장은 평소 자신감이 부족해서 격려가 필요했던 상황이었고, B과장은 완벽주의 성향이 강해 나쁘지 않다는 말을 아쉽다는 뜻으로 받아들인 것이었다.

이런 경험을 통해 깨달은 것이 있다. 우리가 무심코 던지는 한마디가 상대의 내면에 따라 전혀 다른 의미로 번역될 수 있다는 것. 이것이 바로 의도와 영향 사이의 간극이다.

언어와 사회적 상호작용을 연구한 심리학자 홀트그레이브스(Holtgraves)와 폴(Paul)은 이 질문에 흥미로운 답을 내놓았다. 그들의 연구에서, 참가자들에게 애매하게 들릴 수 있는 문장, 예를 들어 "

그렇게 해도 괜찮겠네요."라는 말을 들려주고 어떻게 받아들이는지 물었다. 그 결과 불안 성향이 높은 사람들은 같은 말을 부정적이거나 비판적으로 해석하는 반면에 낙관적인 참가자들은 협력과 지지의 메시지로 받아들였다.

같은 말도, 같은 순간도, 상대의 마음과 상황에 따라 완전히 다른 느낌과 의미로 전달된다. 이것을 인식하는 것만으로도 우리의 대화는 한층 더 세심해질 수 있다.

단어보다 프레임이 의미를 만든다

방송인으로서 일을 하며 많은 사람들을 만나다보니 깨달은 또 하나의 진실이 있다. 무슨 말을 했는가보다 어떤 프레임으로 말을 건네는가가 훨씬 더 큰 영향을 미친다는 것이다. 여기에 **말투**, **목소리**, **표정** 등 비언어적 요소가 더해지면 한마디의 해석은 훨씬 더 다양해진다.

예를 들어보자. 점심시간이 끝나고 오후 업무가 시작될 때, 두 명의 팀장이 각각 자신의 팀원에게 "오늘 오후 회의 준비는 잘 되어가나요?"라고 물었다. 겉으로 보기에는 똑같은 질문이었다.

하지만 그 장면을 지켜보면 완전히 다르다. A팀장은 팀원의 자리에 앉아 눈을 마주치며 관심 있는 표정으로 물었다. 목소리도 차분하고 따뜻했다. 반면 B팀장은 서류를 보면서 지나가듯 건조하고 빠른 말투로 던졌다. 바쁘다는 듯 발걸음도 멈추지 않았다.

결과는 완전히 달랐다. A팀장의 질문을 받은 직원은 적극적으로 준비상황을 설명했고, 혹시 부족한 부분이 있는지 조언까지 구했다. 하지만 B팀장의 질문을 받은 직원은 "예, 준비됐습니다."라고 짧게 대답하고 말았다. 똑같은 질문이었지만 하나는 소통의 문을 열었고, 다른 하나는 형식적인 확인에 그쳤다.

가족 간의 대화에서도 마찬가지다. 늦은 밤 숙제를 끝낸 자녀에게 고생했다고 말할 때, 눈을 맞추며 다정하게 말하면 위로가 되지만 TV를 보며 무심하게 던지면 오히려 서운함으로 다가간다.

감정 평가 이론과 인간 감정 표현 연구의 세계적 권위자인 심리학자 클라우스 셔러(Scherer)의 연구도 이를 뒷받침해준다. 같은 한마디라도, 밝고 따뜻한 목소리로 들으면 진심이 느껴져 힘이 나지만, 건조하고 빠른 말투로 들으면 형식적이거나 비판처럼 느껴진다는 것이다.

결국 같은 단어라도 그 말을 감싸는 분위기, 표정, 억양, 그리고 그때까지의 관계와 맥락이 의미를 결정짓는다. 단어 자체보다 그 말을 감싸는 프레임이 의미의 무게를 좌우한다.

타이밍이 말의 무게를 바꾼다

교육 현장에서 10년 넘게 일하면서 확실히 느낀 것이 있다. 아무리 좋은 말이라도 타이밍이 잘못되면 독이 되고, 평범한 말이라도 적절한 순간에 건네면 약이 된다는 것이다.

한번은 기업 교육 중 한 참석자가 발표를 완전히 망쳤을 때가 있었다. 준비한 자료는 엉성했고, 말도 더듬거렸으며, 다른 참석자들의 시선이 부담스러워 보였다. 그 순간 바로 피드백을 주면 더 위축될 것 같아서 일단 박수로 마무리하고 다른 활동으로 넘어갔다.

쉬는 시간에 그 분이 화장실에서 나오는 것을 보고 조용히 다가갔다. 괜찮다, 처음이라 그럴 수 있다, 오히려 용기 내서 발표해준 게 고맙다고 말했더니 그분의 얼굴이 환해지는 것을 볼 수 있었다. 그리고 나서 혹시 다시 한번 기회를 주면 어떻겠느냐고 물었더니, 정말 감사하다며 꼭 해보고 싶다고 했다.

결국 그분은 오후 시간에 다시 발표를 했고, 이번에는 훨씬 자신감 있게 해냈다. 똑같은 격려의 말이라도 당황한 직후가 아니라 마음이 진정된 뒤, 그리고 다른 사람들이 듣지 않는 조용한 공간에서 건넸기 때문에 힘이 될 수 있었던 것이다.

반대의 경우도 여러 번 경험했다. 한창 바쁜 프로젝트 중간에 동료가 "이 부분 괜찮은 거지?"라고 물었을 때, 나는 그 말을 "네 일 처리가 믿음이 안 간다"는 의미로 받아들였다. 그 순간 나는 스트레스로 예민해져 있었고, 누군가 내 일을 의심한다는 생각에 화가 났다.

나중에 알고 보니 그 동료는 정말 걱정돼서 도움을 주고 싶어 물어본 거였다. 평소 같았으면 고마운 배려로 받아들였을 텐데, 내가 예민해져 있던 그 순간에는 선혀 다르게 들렸던 것이다. 같은 질문이었지만 타이밍과 내 심리상태에 따라 완전히 다른 의미가 되었다.

신뢰관계도 마찬가지다. 평소 관계가 좋을 때는 직설적인 피드백도 성장의 기회로 받아들이지만, 최근에 갈등이 있었다면 같은 말도 공격으로 들린다. 상대의 감정상태와 우리 사이의 관계, 그리고 그 순간의 분위기가 모두 복합적으로 작용해서 말의 무게를 결정짓는다.

말은 받는 사람의 귀에서 완성된다

결국 대화의 온도는 내가 보낸 말이 아니라, 상대가 듣는 귀와 그 순간의 마음에서 완성된다. 이 사실을 깨닫고 나면 우리는 조금 더 신중하게, 그리고 배려하는 마음으로 말을 건넬 수 있다.

상대의 마음과 상황을 먼저 살피고, 내 말이 어떤 프레임으로 전달될지 상상해보고, 지금이 적절한 타이밍인지 한 번 더 고려하는 것. 이런 작은 배려가 쌓여서 진짜 소통이 시작되고, 조직이 함께 생각하고 성장할 수 있는 토대가 만들어진다.

대화의 온도를 조율하는 첫 단추는 내 말이 상대의 귀에 어떻게 들릴지 한 번쯤 상상해보는 데서 시작된다. 이것이 바로 진짜 소통의 본질이다.

세 번째. 상처 주지 않고 말하는 법

직장, 가정, 교실 등 우리가 살아가는 모든 공간에서 대화는 겉으로는 문제를 해결하기 위해 시작된다. 그러나 실제로는 어떻게 말하느냐에 따라 관계가 살아나기도 하고, 금이 가기도 한다. 누구나 한 번쯤 분명히 좋은 의도로 시작했는데 오히려 상처만 남거나, 논리적으로 설명했는데도 대화가 더 꼬이는 경험을 한다.

어쩌면 우리는 대화의 첫 단추에서부터 뭔가 결정적으로 다른 선택을 해야 했는지도 모른다. 상처를 남기는 대화에서 신뢰와 협력을 이끄는 대화로, 우리의 말 한마디가 어떻게 달라질 수 있는지 살펴보자.

비난을 요청으로 바꾸는 연습

"아빠, 나 오늘 급하게 데려다줄 수 있어?"

학창 시절, 약속에 늦거나 갑자기 이동해야 할 일이 생기면 나는 거의 아버지에게 늘 SOS처럼 연락을 드렸다. 막상 사회생활을 해보니 이게 얼마나 부담되는 일인지 알게 되었다. 바쁜 와중에 혹은 귀찮을 법도 한데 아버지는 늘 이렇게 말해주셨다. "아빠 시켜줘서 고맙다. 덕분에 딸이랑 데이트 하네?"

돌이켜보면 이 한마디가 참 예뻤다. 누군가는 짜증을 내거나 또 왜 맨날 급하게 부르냐고 말할 수도 있는 상황인데 아버지는 늘 부탁을 고마움과 사랑, 그리고 작은 유머로 바꿔서 대답해 주셨다. 이런 말 한마디가 서로의 마음에 벽이 아니라 따뜻한 길이 되고 일상 속 작은 부탁과 부탁받는 모두를 기분 좋은 순간으로 바꿔줬다.

사실 우리도 일상에서 상대의 행동이 마음에 들지 않을 때 무심코 짜증을 내거나 단호하게 지적할 때가 많다. "왜 또 늦어?, 맨날 좀 치워라!, 이렇게밖에 못 해?" 이런 말들은 내 감정은 풀릴지 몰라도 상대에겐 방어심과 거리감만 남는다.

이런 장면은 비즈니스 현장에서 더 크게 증폭된다. 한 기업의 회의실. 프로젝트 마감이 임박한 날, 한 팀원이 자료를 늦게 제출했다. 팀장은 참았던 감정을 터뜨린다. "왜 또 늦었어? 매번 네가 문제야. 도대체 책임감이 있긴 한 거야?"

그 순간 회의실 분위기는 얼어붙는다. 지적을 받은 팀원은 어깨를 움츠리고, 다른 동료들까지 조용히 눈치를 살핀다. 특히 지적을 받은 팀원은 "나만 문제인가?"라는 생각에 마음을 닫아버린다. 의견을 내려던 다른 팀원들도 입을 다물고, 회의는 활기를 잃는다.

비즈니스 현장에서 비난의 언어가 더 치명적인 이유는 무엇일까? 비난은 순간의 감정을 쏟아내는 데서 그치지 않는다. 한 번 날카롭게 내뱉은 말은 팀 전체의 신뢰를 흔들고, 협력의 분위기마저 차갑게 얼려버린다.

한 사람이 실수를 지적받으면, 그건 곧 팀 전체의 심리적 안전망이 무너지는 신호가 된다. 다른 팀원들도 혹시 나도 저렇게 비난받지 않을까? 하는 두려움이 마음속에 스며들게 된다. 비난이 반복될수록 팀원들은 실수를 숨기려 하고, 새로운 시도를 할 용기도 사라진다. 조직의 공기는 점점 무거워지고, 냉소와 불신이 퍼지면 일은 돌아가지만, 마음은 멀어진다는 현실이 눈앞에 펼쳐진다.

그래서 조직에서는 무엇보다 요청의 언어가 필요하다. 자료가 늦었을 때 "왜 또 늦었어?" 대신 "다음엔 공유를 조금만 더 빨리 해줄 수 있을까?"라고 묻는 것. 누군가 막혔을 때 "대체 뭐가 문제야?"보다 "막힌 부분이 있다면 같이 방법을 찾아볼까?"라고 손을 내미는 것.

이런 말들을 들은 사람은 내가 존중받고 있음을 느끼고 스스로 변화하려는 동기를 갖게 된다. 그 작은 대화의 온도가 결국 팀의 성과도, 신뢰도, 조직 전체의 공기도 따뜻하게 만든다. 비난은 벽을 세우고, 요청은 길을 연다. 이 원칙은 가정이나 친구 사이에서만 통하는 게 아니다. 비즈니스와 조직, 수많은 관계의 현장에서야말로 더욱 강력하게 작동한다.

벽이 되는 한마디 "그런데", "아니"

사람들은 매일 누군가의 말 한마디에 크고 작은 온도를 느낀다.

가정에서, 직장에서, 그리고 이제는 온라인 후기 한 줄에서도 그 온도가 고스란히 전해진다.

카페를 운영하는 누군가는 오늘도 손님이 남긴 후기를 읽으며 하루를 시작한다. "커피 맛도 좋고 분위기도 좋아요. 그런데 직원분이 조금 무뚝뚝하네요."

이 문장 하나가 앞서의 모든 칭찬을 한순간에 무색하게 만들고 마음 한쪽에 작은 멍을 남기기도 한다. "그런데"라는 한마디는 생각보다 더 큰 벽을 세운다.

주말 저녁, 한 가정에서 아이가 오늘 학교에서 있었던 일을 신나게 이야기한다. "오늘 음악 시간이 정말 재밌었어! 악보에 대해 잘 몰랐는데, 그게 이해가 되더라니까? 80점이라니… 정말 잘 맞은 점수 아냐? 선생님이 칭찬해주셨어!"

그때, 엄마가 말한다. "그런데, 백 점 맞은 친구도 있잖니?"

딸의 얼굴에서 웃음기가 순식간에 사라진다. 엄마는 딸의 이야기를 듣고 싶지 않았던 게 아니다. 걱정이 앞서고, 더 잘하라는 마음에서 나온 말이었다. 하지만 "그런데"라는 한 마디가 방금 전까지의 즐거웠던 분위기를 단숨에 식혀버린다.

여기에 또 하나, 관계의 온도를 한 번에 낮추는 단어가 있다. 바로 "아니다."라는 말이다.

사람들은 대화를 시작할 때 무심코 아니라는 말을 던진다. 하지만 이 한마디가 상대의 감정과 생각을 한순간에 막아버린다. '아니'라는 단어는 상대가 방금 꺼낸 고민이나 아이디어를 처음부터 부정한다고 선언한다. 그래서 상대는 내 이야기가 틀렸다고 느끼고, 결국 마음의 문을 닫아버린다.

친구가 힘든 마음을 꺼냈을 때 "아니, 다들 힘들어. 네가 특별히 더 힘든 건 아니야.", 팀원이 의견을 냈을 때 "아니, 예전에 해봤는데 안 됐어.", 가족이 설레는 마음으로 계획을 말했을 때 "아니, 그건 너랑 안 맞을 거야." 이 한마디에 응원받고 싶던 마음이 시들해진다.

왜 어떤 말은 마음을 닫게 만들고, 어떤 말은 힘을 줄까?

대화에서 '아니, 하지만, 그건 아니야' 같은 말들은 상대의 이야기를 잘라내고 여기서 네 생각은 끝이라고 선언한다. 그 순간 상대는 내 말이 부정당했다고 느끼고 더 이상 말을 보태지 않는다. 관계는 차갑게 식고 대화는 벽에 막힌다.

반대로, '그리고, 함께, 이걸 더하면' 같은 열린 언어는 상대의 말 끝에 새로운 길을 내준다. 이런 말들은 네 생각이 여기서 끝이 아니다, '우리의 대화는 계속된다'라는 신호를 준다.

한 연구에 따르면, 이런 연결어를 많이 쓰는 집단일수록 서로를 더 신뢰하고 자신의 의견을 더 자유롭게 말하며 심리적 안정감이 높다는 결과가 반복적으로 확인된다. 이런 언어가 많아질수록 '**내 말이 존중받고 있다, 내가 더 이야기해도 괜찮다**'라는 자신감이 생기는 것이다.

감정은 인정하고, 기준은 분명하게

최근 몇 년 사이, 우리 사회는 큰 변화를 겪고 있다. 이제는 감정을 숨기거나 억누르는 대신, 있는 그대로 인지하고 표현하는 것이 진짜 힘이 된다. 감정의 인정이 사회, 조직, 커뮤니케이션의 핵심으로 떠올랐다.

과거엔 '이성적이어야 한다, 감정은 드러나면 안 된다'는 기준이 당연시되었지만, 요즘은 오히려 감정적 상처와 불안, 외로움까지 있는 그대로 표현하고 공유하는 것이 개인과 조직의 경쟁력이 되고 있다. 특히 젊은 세대는 "나 아파요, 나 힘들어요."를 자연스럽게 말하고, 공동체도 그 상처를 감싸주는 환경을 요구한다.

그리고 이제 감정은 단순히 공감받는 데서 그치지 않는다. 각자의 기분과 복합감정이 상품, 서비스, 조직문화를 좌우하는 시대가 되었다. 기업들은 '오늘 당신의 기분은 어떤가요?'를 묻고 고객의 감정 상태에 맞춘 경험을 제공한다. 힘든 하루, 당신을 위한 작은 선물처럼 감정 키워드로 소비자의 마음에 다가간다.

사람은 이성만으로 설득되지 않는다. 논리와 팩트만 내세우는 순간, 상대는 마음을 닫는다. 반대로, 감정을 먼저 인정하면 내 마음을 알아준다는 신뢰와 소속감이 생기고 갈등의 순간에도 심리적 저항이 크게 줄어든다.

하지만 감정만 인정하고 기준이 없다면 팀워크도, 성과도, 책임도 모호해진다. 좋은 게 좋은 거지 식의 모호함은 오히려 조직의 신뢰를 떨어뜨린다. 그래서 필요한 것이 감정의 인정과 기준의 명확화라는 두 축의 균형이다.

'고생 많았죠. 사실 나도 그 상황 힘들었어요. 네가 이런 감정을 느꼈다는 것, 충분히 이해해. 그 일로 마음 상했을 수도 있을 것 같아요.' 이렇게 상대의 감정을 먼저 인정하는 한마디가 대화의 문을 연다.

그리고 '우리 팀의 약속, 이 일정은 꼭 지켜야 해요. 고객 신뢰는 우리가 절대 양보하지 않는 기준이에요.'와 같이 감정을 인정하면서도 우리가 지켜야 할 원칙과 기준을 명확하게 말하는 것. 이 선이 있어야 깊은 신뢰가 쌓인다.

감정은 인정하고, 기준은 분명하게! 이 원칙이야말로 소통에서 사람의 마음을 얻고, 신뢰를 쌓으며, 실제 성과까지 연결짓는 실전 커뮤니케이션의 강력한 공식이다.

말 한마디의 선택

오늘 내가 건네는 한마디가 우리 팀, 우리 가족에게 어떤 온도를 남겼는지 돌아보자. 비난 대신 요청으로, 그런데 대신 그리고로, 감정을 인정하면서도 기준은 분명하게.

이 작은 선택들이 쌓여 관계의 온도가 달라지고, 조직의 분위기가 바뀌고, 우리의 일상이 조금 더 따뜻해진다. 상처 주지 않고 말하는 법은 거창한 기술이 아니다. 그냥 상대를 한 사람으로 바라보고, 내 말이 어떤 온도로 전해질지 한 번 더 생각해보는 것. 그 작은 배려가 진짜 소통의 시작이다

네 번째. 얼굴보다 오래 남는 목소리의 힘

전국의 수많은 행사장에서 사실 그 내용을 가장 잘 아는 사람은 주최 측이다. 하지만 행사의 첫 문을 여는 역할은 주로 아나운서에게 맡겨진다.

왜일까? 슬라이드보다, 무대 장치보다, 사람들의 마음에 더 오래 남는 것은 잘 들리는 목소리, 안정감 있는 톤, 첫마디에서 느껴지는 분위기이기 때문이다.

유명 광고나 다큐멘터리를 떠올릴 때 우리는 그 장면보다 그때 그 목소리를 먼저 기억한다. 유명 성우의 목소리가 단 몇 초의 내레이션에도 수백만 원의 가치를 인정받는 이유다. 목소리는 단순한 전달 도구가 아니라 신뢰와 브랜드 이미지를 결정짓는 핵심 자산이다.

동물의 왕국, 배철수의 음악캠프, 전국노래자랑… 우리가 기억하는 건 그 목소리다. 그만큼 목소리는 오래 남고, 사람들의 감정과 신뢰를 움직인다.

나 역시 현장에서 늘 실감한다. 아무리 훌륭하게 기획해도 첫인상은 처음 전해지는 목소리에서 결정된다. 한 번의 목소리가 행사

전체의 인상은 물론 브랜드의 신뢰도까지 좌우하는 것을 수도 없이 보았다.

첫인상은 얼굴이 아니라 목소리

나는 10년 넘게 방송을 경험하며 자연스럽게 다양한 행사에서 사회를 맡게 되었다. 행사 의뢰를 받을 때마다 빠지지 않고 하는 질문이 있다.

"어떤 톤으로 진행할까요?"

이 한 마디가 그날의 분위기와 브랜드 이미지를 결정짓는다. 행사마다 어울리는 목소리의 톤은 천차만별이다.

예를 들어, 시장 상인분들을 위한 노래자랑 행사라면 너무 무겁고 딱딱한 아나운서식 톤으로는 현장의 흥과 호응을 끌어내기가 쉽지 않다. 그래서 이런 자리에서는 일부러 더 밝고 친근하게 한껏 흥을 돋우며 분위기를 띄운다.

반대로, 지역 발전의 시작과 비전을 알리는 공식적인 자리는 너무 경쾌하거나 가벼운 느낌으로 접근하면 오히려 행사의 품격을 살릴 수 없다. 이럴 때는 진중하면서도 신뢰감 있는 목소리로 그 자리에 어울리는 무게감을 담아 진행한다.

스포츠 대회 같은 현장에서는 에너지와 박진감이 필요한 만큼 "여러분의 함성으로 오늘의 주인공들을 맞이합시다!" 한껏 톤을 올리고 박수와 환호를 이끌어낸다.

최근 700명이 넘는 지역민이 참여한 큰 행사 사회를 맡았을 때의 일이다. 그런데 하필 그날 주말이라 메이크업 샵 예약이 다 끝나 있었고, 검증되지 않은 곳에서 화장을 받다 보니 원하던 산뜻함 대신 혼주 화장이 되어버렸다. 거울 앞에서 고민하기보다 멘트와 목소리에 집중하기로 했다.

어떤 얼굴로 무대에 서느냐보다 청중과 만나는 첫마디가 훨씬 더 큰 힘을 발휘한다는 걸 알기 때문이다. 행사가 끝난 뒤 진행에 대한 칭찬을 들으며 얼굴보다 오래 남는 건 결국 진심이 담긴 목소리와 태도임을 다시 한 번 깨달았다.

속도, 멈춤, 리듬이 전달력을 만든다

나는 10년 넘게 스피치를 코칭하며 "말만 하면 떨려요", "무대에 서면 머리가 하얘져요", "말할 때 유독 빨라져요" 같은 고민을 가진 사람들을 만나왔다.

라디오 MC로 2시간 생방송을 진행했던 내 경험도 다르지 않았다. 처음에는 사연이 밀려오면 마음도 급해지고 말이 빨라지며 문장이 쏟아졌다.

그런데 라디오 사연은 늘 밝은 이야기만 오는 게 아니다. "오늘 아버지 기일이라 혼자 산소에 다녀오는 길입니다." 같은 사연도 있다. 누군가는 이른 아침부터 위로가 필요해서 라디오를 켠다. 만약 내가 그 사연을 밝고 경쾌한 톤으로 쉴 새 없이 읽어 내려간다면 진심이 왜곡되고 오히려 오해를 살 수도 있다는 걸 현장에서 배웠다.

기쁜 사연에는 빠르고 경쾌한 리듬, 위로가 필요한 사연에는 문장마다 짧은 멈춤을 두고 마음을 담아 전했다.

"아버지 기일이라… 혼자 산소에 다녀오셨군요. 지금 라디오를 통해 잠시라도 마음이 덜 외로우셨으면 좋겠습니다."

한 문장마다 쉼표와 여백을 남긴다. 내가 멈추는 그 짧은 시간에 청취자의 마음도 숨을 고르고, 진짜 위로가 스며들기를 바랐다. 멈춤이 없으면 위로도 공감도 그저 흘러가는 말이 되기 쉽다.

요즘 우리는 MBTI로 사람의 성향을 쉽게 나눈다. "내가 T라서 공감이 약해요.", "나는 F라서 위로를 잘해요." 같은 자기소개도 흔하다.

하지만 진짜 공감은 성향만으로 완성되지 않는다. "힘들었겠다"고 말할 때 급하게 툭툭 내뱉으면 아무리 좋은 위로라도 차갑게 들린다.

반대로, 한 문장 한 문장 속도를 낮추고 짧게 숨을 고르며 상대의 감정에 리듬을 맞추면 '나는 네 이야기를 듣고 있어' 이런 온기가 자연스럽게 전해진다.

이때부터 진짜 공감이 시작된다. 어떤 말이냐가 아니라 어떻게 말하느냐에서 비로소 살아난다. MBTI, 성향을 넘어서 속도와 멈춤, 리듬을 통해 우리 목소리의 온도가 상대의 마음에 닿을 수 있다면 그게 바로 진짜 위로이고 소통이다.

목소리의 힘, 일상과 조직을 바꾼다

한 문장, 한 번의 인사말이 그날의 분위기와 브랜드 이미지를 결정짓는 순간을 우리는 생각보다 자주 목격한다.

최근 다양한 기업들은 로봇 같은 기계음 대신 따뜻한 목소리로 안내 방식을 바꾸고 있다. 미국 온라인 쇼핑몰 자포스(Zappos)는 자동응답 대신 상담원이 직접 전화를 받는 정책을 고집해 왔으며, 실제 상담원의 목소리가 **고객 만족도와 재구매율 증가**에 중요한 역할을 하고 있다.

애플(Apple)은 고객센터와 매장에서 여전히 사람의 목소리로 상담하는 방식을 고집한다. 고객들은 애플 직원이 직접 전하는 친절한 말 한마디에서 **AI 챗봇으로는 대체할 수 없는 신뢰**를 느낀다.

델타항공(Delta Airlines)은 위기 상황마다 AI 대신 실제 상담원이 직접 전화를 걸어 안내함으로써 **고객의 불안이 줄고 신뢰가 높아지는 효과**를 경험했다고 한다.

글로벌 기업들이 AI 기술이 발전하는 2026년에도 사람다운 목소리에 투자하는 이유는 분명하다. 사람의 목소리는 신뢰와 공감, 브랜드 품격을 만드는 가장 빠른 통로이기 때문이다.

그리고 그 힘은 거대 브랜드만의 것이 아니다. 우리 일상과 조직에서 목소리의 온기는 생각보다 훨씬 큰 변화를 만들어낸다.

스피치 코칭 중 한 회사원이 "목소리가 차갑다"는 피드백을 받고 회의 때 일부러 천천히 말하고, 멈춤을 두며 동료의 표정을 바라보며 말하기 시작했다. 그 결과 동료들과의 신뢰가 회복되고 업무 분위기마저 달라지는 변화를 경험했다.

개인의 목소리가 달라지면 자신의 존재감과 자신감이 커지고, 주변 사람들의 신뢰와 호감도 자연스럽게 높아진다. 진심이 담긴 목소리는 관계의 벽을 허물고, 지친 일상에 새로운 에너지를 불어넣는다.

목소리를 변화시키는 가장 효과적인 방법

얼마 전 별세한 배우 故이순재는 오랜 세월 매일 아침 허밍으로 성대를 풀고 신문을 소리 내어 또박또박 읽는 습관을 유지했다고 한다. 모건 프리먼 역시 자신의 목소리를 녹음해 들으며 톤과 속도가 사람들의 감정에 어떻게 스며드는지 평생 실험해온 것으로 유명하다.

배우 이청아는 데뷔 초반 자신만의 톤을 몰라 무작정 소리를 지르기만 했다고 고백한다. 감정에만 몰입하다 보니 목소리에 힘이 잔뜩 들어가고 오히려 감정 전달이 어려웠지만 스스로 연습하며 자신의 목소리가 가진 자연스러운 톤이 오히려 매력적이라는 걸 알게 되었고, 이후 맡은 역할에서 특유의 맑고 단단한 목소리로 대중의 사랑을 받았다.

이들의 공통점은 자신의 목소리를 녹음해 듣고, 다양한 톤을 시도하며, 거울 앞에서 표정과 함께 연습하는 기본 루틴의 반복이다. 하루 5분, 복식 호흡으로 숨을 들이쉬고, 또박또박 문장을 읽으며, 속도를 조절하고, 중요한 순간엔 한 박자 멈추는 것. 이런 소박한 연습이 결국 변화를 만든다.

사실 나 역시 처음부터 방송을 할 수 있는 목소리를 타고난 건 아니었다. 아나운서 학원에 처음 들어섰을 때 허스키한 목소리 때문에 "다른 업종을 고민해보라"는 조언을 들을 정도였다. 그때는 내 목소리가 무대나 방송에서 누군가에게 신뢰를 줄 수 있으리라고는 상상도 못했다.

하지만 변화는 포기하지 않는 반복에서 시작됐다. 매일 아침 따뜻한 물과 함께 허밍으로 성대를 풀고 또박또박 문장을 읽으며 내 목소리를 녹음해 들어봤다. 작은 실천을 이어가다 보니 내 목소리의 색깔을 발견하게 되었고 오히려 남다른 톤이 내가 가진 가장 큰 무기가 되었다.

실제로 많은 사람들이 코칭을 1~2번 받고 "역시 내 목소리는 안 되나 봐" 하며 쉽게 단념한다. 하지만 목소리 변화는 습관을 고치는 작업이기에 단기간에 드러나지 않는 게 당연하다. 그럴 때일수록 포기하지 않고 조금씩 더 시도하고 자기 목소리를 관찰하며 작은 성취를 쌓아가는 과정이 필요하다.

그리고 그 목소리가 나 스스로에게는 자신감과 존재감을, 타인에게는 신뢰와 호감을, 잊히지 않는 이미지를 선물하게 된다.

다섯 번째. 작은 말 한마디가 흐름을 바꾼다

수많은 조직과 만나고 이야기하며 때로는 갈등을 조율하고, 때로는 한 사람의 용기를 북돋우는 장면에서 늘 느끼는 것이 있다. 흐름이라는 건 거창한 전략이나 큰 이벤트에서만 바뀌는 게 아니라는 사실이다. 진짜 판이 바뀌는 순간은 언제나 작은 말 한마디에서 시작된다.

시작하는 한마디가 공기를 만든다

레크리에이션을 진행하면서 가장 신기하게 느낀 점이 있다. 행사장이나 교육장에서 사람들에게 "우리 서로 인사를 나눠볼까요?"라고 건네는 아주 짧은 멘트가 생각보다 깅력한 마법처럼 작동한다는 것이다.

사실 대부분의 사람들은 자기가 꼭 있어야 하는 자리임에도 나를 제외한 타인과 함께 있는 것을 어색해한다. 공기 중에는 낯섦, 경계, 조심스러움이 북직하게 깔려있다. 그런데 "서로 인사 나눠봅시다"

라는 한마디가 그 모든 긴장과 벽을 순식간에 녹여버린다.

내 경험 상, 이 멘트가 나오면 사람들은 순간적으로 쑥스럽게 웃거나 옆 사람을 힐끗 바라보다가 이내 자연스럽게 미소를 지으며 "안녕하세요", "반갑습니다"라는 말을 주고받는다. 이 짧은 상호작용이 공기를 완전히 바꿔놓는다.

회의나 대화에서의 첫 문장도 마찬가지다. 시작의 한 문장이 그 공간의 흐름과 청중이 느끼는 심리적 안전감을 결정한다. 예를 들어, "오늘 이 자리에 함께해 주셔서 감사합니다. 처음이라 어색하겠지만, 천천히 서로 알아가 볼까요?"라고 시작하면 사람들은 내 속도를 존중받는다는 신호를 받는다.

반대로 "지금부터 바로 본론에 들어가겠습니다."처럼 딱딱하고 즉각적인 명령형으로 시작하면, 사람들은 긴장하거나 방어적으로 변한다.

왜 '시작의 한마디'가 이렇게 중요할까?

첫째, 사람의 심리는 처음 만나는 낯선 상황에서 무의식적으로 자신을 방어한다. "내가 실수하면 어쩌지?", "내가 혼자 튀면 어떡하지?"라는 불안이 집단 전체에 퍼져 있다.

둘째, 이 불안과 긴장을 누가 어떻게 깨주느냐에 따라 이후의 모든 흐름이 달라진다. 서로 인사하자는 한마디는 심리적 장벽을 낮추고 모든 사람을 참여자로 만든다.

조직에서도 똑같다. 프로젝트 첫 회의든, 새로운 팀 빌딩이든, 시작의 공기가 따뜻하고 포용적이면 사람들은 자신의 의견을 자유롭게 나뉜다. 하지만 첫 순간부터 딱딱하고 경직된 분위기라면 회의는 피상적이고, 각자도생의 분위기로 흘러가기 쉽다.

질문이 사람을 움직인다

'질문'이라는 단어를 한자로 풀어보면 '질(質)'은 본질, 실체를 뜻하고, '문(問)'은 묻다, 문을 연다는 의미다. 즉, 질문은 단순히 정보를 얻는 행위가 아니라 상대의 본질에 다가가려는 시도이며, 관계의 문을 여는 행위다.

만약 당신이 밤늦은 시각, 전 연인에게 "뭐해?"라고 메시지를 보낸다면? 그냥 심심해서 보내는 것 같지만 사실 그 안에는 여러 말들이 숨어 있다. 잘 지내냐는 안부, 나를 한 번쯤은 생각하지 않았냐는 호기심, 내가 아직 궁금하다는 솔직함까지. "뭐해?"라는 짧은 글자가 마음의 진짜 속내를 대신 전한다.

직장에서 동료에게 "밥 먹었어?"라고 묻는 것도 마찬가지다. 습관적인 인사 같지만 사실은 오늘 힘든 일은 없었는지, 밥은 제대로 챙겨 먹었는지, 내가 신경 쓰고 있다는 걸 말하고 싶어서다. 상사가 "일은 잘 돼가?"라고 물을 때도 단순히 업무 진행 상황이 궁금한 게 아니라, 혹시 어려운 점은 없는지, 도움이 필요하면 언제든 말하라는 신뢰의 메시지를 보내는 것이다.

하지만 모든 질문이 따뜻한 것만은 아니다. "이거 알아?", "그거 확실해?"처럼 정답을 요구하거나 상대를 평가하려는 질문은 언제나 부담스럽고 불편하게 다가온다. 질문이 상대를 확인하거나 평가하려는 의도로만 흘러가면 대화는 자연스럽게 경직되고, 조직 내에서도 자유로운 의견 교환이 막힌다.

그렇다면 어떻게 바꿔야 할까?

첫째, 정답을 요구하는 대신 경험과 생각을 묻는다.

"이거 알아?" 대신 "이거에 대해 어떻게 생각해?"라고 묻는다면, 상대는 정답을 강요받는 느낌 대신 자유롭게 자신의 의견을 나눌 수 있다.

둘째, 평가 대신 함께 고민하고 배우는 태도를 보인다.

"맞아? 틀려?"처럼 옳고 그름만 확인하는 대신 "네가 어떻게 생각했는지 같이 들어보고 싶어."라고 말해보자. 이렇게 하면 대화가 경쟁이 아니라 함께 배우고 성장하는 소통으로 바뀐다.

셋째, 부담을 주는 질문 대신 관심을 표현한다.

"이 문제 풀어봐" 대신 "이 문제를 풀면서 어려운 점은 없었어?"라고 바꿔보면, 상대가 부담 없이 자신의 생각과 어려움을 털어놓을 수 있다.

마무리 문장이 책임을 만든다

최신효과(Recency Effect)란 사람이 어떤 정보의 마지막 부분에 더 크게 주목하고 더 오래 기억하는 심리 현상을 의미한다. 여러 정보를 차례로 접할 때 마지막에 제시된 내용이 처음이나 중간에 나온 내용보다 더 선명하게 기억에 남는다.

강의나 강연을 한 뒤 "마지막에 들었던 한마디가 계속 머리에 맴

돈다."는 이야기를 자주 들었다면, 그 스피치는 꽤 전략적이었다고 볼 수 있다. 마지막은 단순히 끝맺는 역할을 넘어 경험 전체에 깊은 의미와 여운을 남긴다.

발표나 강의를 할 때도 마찬가지다. 마지막에 힘을 실어야 하는 이유는 세 가지다.

첫째, 인상 형성 측면에서 마지막 메시지는 경험 전체의 이미지를 좌우한다.

둘째, 행동 유도 측면에서 클로징 멘트에는 청중이 실제로 실천하고 변화를 시작할 동기가 담긴다.

셋째, 신뢰와 책임 측면에서 마무리에서 약속과 결단의 메시지가 청중과 화자 모두에게 남는다.

실제로 스티브 잡스의 "Stay Hungry. Stay Foolish.", 팀 쿡의 "우리는 앞으로도 사람들의 삶을 더 좋게 만들겠다는 약속을 지키겠습니다."같은 마무리는 단순한 끝맺음이 아니다. 연설 전체의 메시지를 한 줄에 응축해 담으면서 청중이 실제로 움직이게 만드는 힘을 가진다.

라디오에서도 마지막 한마디의 힘은 분명하게 드러난다. 성시경은 자신의 라디오 프로그램에서 방송이 끝날 때마다 "잘자요"라는 짧은 인사로 마무리한다. 이 한마디는 단순한 인사를 넘어 청취자에게 친밀감과 따뜻한 위로를 전달하며, 성시경만의 감성과 라디오의 정체성을 명확히 각인시킨다. "잘자요"와 같은 엔딩 멘트는 프로그램의 시그니처이자 청취자와의 약속처럼 자리 잡았고, 그만의 엔딩 멘트로 이제 익숙하다.

이처럼 짧지만 강렬한 엔딩 멘트는 단순한 마침표가 아니라 상대의 마음에 남는 온기와 인상, 그리고 때로는 작은 행동의 변화를 이끌어내는 불씨가 된다.

한 줄의 엔딩이 남기는 여운, 말의 마지막에 머무는 온도는 관계를 이어가고, 신뢰를 쌓으며, 서로의 마음을 조금 더 가까이 데워준다.

함께 생각하는 힘으로

결국 우리가 건네는 작은 말 한마디 한마디가 모여 조직의 분위기를 만들고, 팀의 창의성을 좌우하며, 집단지성이 꽃피울 수 있는 토양을 만든다. 시작의 한마디로 사람들의 마음을 열고, 질문으로 서로의 생각을 이어주며, 마무리의 온기로 다음을 기약하는 것. 이 모든 과정에서 우리는 혼자가 아닌 함께 생각하는 존재가 된다.

AI가 아무리 발전해도, 기술이 아무리 정교해져도, 사람과 사람 사이에 흐르는 말의 온도만큼은 그 누구도 대체할 수 없다. 차가운 효율보다는 따뜻한 연결을, 완벽한 답보다는 함께 찾아가는 과정을 소중히 여기는 마음. 그 마음이 담긴 작은 말 한마디가 우리를 진짜 함께 생각하는 인간으로 만든다.

당신의 대화는 어떤 온도로 시작되고, 어떤 질문으로 이어지며, 어떤 따뜻함으로 끝나고 있는가? 오늘부터 작은 말 한마디에 조금 더 마음을 실어, 우리 모두가 함께 생각하고 성장하는 순간을 만들

NOTICE

본 도서 116쪽,
마지막 문장 일부가 제작 과정에서 누락되었습니다.

올바른 문장은 다음과 같습니다.

"오늘부터 작은 말 한마디에 조금 더 마음을 실어,
우리 모두가 함께 생각하고 성장하는 순간을 **만들어보자.**"

독자 여러분의 너른 이해에 감사드립니다.

/ 4장 /

공감 Empathy
듣고 연결되는 순간 조직이 움직인다

10년 넘게 조직생활을 하며 수많은 갈등과 협업의 순간을 경험했다. 그 과정에서 사람의 변화는 머리가 아닌 마음으로 느끼는 '공감'에서 시작된다는 걸 체감했다. 누군가의 마음을 진심으로 들을 때, 비로소 행동의 에너지가 생긴다는 것을 깨달은 이후 그녀의 교육 방향은 완전히 바뀌었다.

이채영 지음
기업교육컨설팅 시너지드림 대표

이채영 대표의 교육에는 공식 대신 사람의 이야기가 있다. 보고·회의·피드백 속에서 오해가 관계로 쌓이는 과정을 세밀히 풀어내고, 현장에서 실제로 일어나는 소통의 문제를 다룬다. 책상 위의 이론보다 현장의 공기 속에서 배운 것들이 그녀만의 무기다.

13년 차 기업교육 전문가가 된 지금, 그녀는 공감이 깊어질수록 조직은 더 유연해지고, 듣는 사람이 많을수록 조직은 더 멀리 간다고 말한다. 개인의 꿈과 조직의 시너지가 만나는 지점을 탐구하며, 마음을 연결하는 기술을 통해 조직 전체가 함께 움직이는 순간을 만들어가고 있다.

그녀의 강의를 들은 이들이 "이건 강의가 아니라, 우리 이야기를 들은 시간이었다"고 말하는 이유다.

E.mail. synergy_d@naver.com
Blog. blog.naver.com/synergy_d

첫 번째. 말하지 않고 상대를 빛나게 하는 법

내가 주인공이 아닌 무대를 열어주는 순간

대화에는 늘 두 가지 욕구가 공존한다. 하나는 내가 주목받고 싶다는 욕구, 또 하나는 내가 하고 싶은 말을 털어놓고 싶다는 욕구다. 대화 자리에서 우리는 종종 후자에 끌린다. 상대의 말이 끝나기도 전에 머릿속으로는 이미 내 차례를 준비하고 있기 때문이다. 눈을 마주치고 고개를 끄덕이며 듣는 듯하지만, 사실 마음은 자기 말할 타이밍을 계산하고 있는 경우가 많다.

그런데 중요한 사실은, 상대도 나와 똑같은 욕구를 갖고 있다는 점이나. 회의에서 내가 의견을 열심히 말하고 있는데, 상대가 불쑥 자기 경험을 꺼내 버린 적은 없는가? 그 순간 내 말은 공중에 흩어지고, 방금 전까지 쏟아낸 말들이 허무하게 느껴진다.

'나 지금 혼자 말하고 있나?'라는 빈망함이 밀려오고, 순식간에 어색한 공기가 흐른다. 단순히 말이 끊긴 게 아니라, 나의 존재가 존중받지 못했다는 감각이 따라오기 때문이다.

이런 경험을 반복하다 보면 무슨 일이 일어날까? 점점 말하기를 주저하게 된다. '어차피 끊길 텐데 굳이…' 하는 마음이 들어서기도 한다. 팀 회의에서도 좋은 아이디어가 있어도 입을 다물고, 문제를 발견해도 조용히 넘어간다. 개인이 이렇게 위축되면 조직 전체가 똑똑해질 기회를 잃는다.

관계를 움직이는 출발점은 언제나 상대의 욕구를 먼저 채워주는 것이다. 내가 주인공이 되기 위해서는 역설적으로 먼저 상대를 주인공으로 세워야 한다. 상대의 이야기가 빛나도록 무대를 열어주는 순간, 나 또한 이후에 내 이야기를 집중해서 들을 수 있는 자리를 얻는다.

상대가 이야기할 때 "응", "맞아" 하고 짧게 호응하는 것만으로는 부족하다. 진짜로 집중하고 있다는 메시지를 주려면 "그때 기분은 어땠어?", "그래서 어떻게 된 거야?" 같은 질문을 던지는 것이 좋다.

이런 질문은 단순히 대화를 이어가는 장치가 아니라, 상대를 주인공으로 세우는 가장 직접적인 방법이다. 질문을 받은 상대는 자기 경험을 더 깊이 풀어내면서 '내가 존중받고 있구나'라는 감정을 갖게 된다. 결국 내 차례가 왔을 때, 상대도 자연스럽게 귀 기울여 준다.

이게 바로 **집단지성이 작동하는 출발점**이다.

서로의 이야기를 끝까지 존중해주는 문화가 자리 잡으면, 사람들은 더 많은 생각을 꺼내놓는다. 혼자서는 떠올리지 못했을 아이디어들이 하나둘 등장한다. 이렇게 '주인공을 서로 바꿔가며 세워주는 과정'에서 대화는 비로소 힘을 갖는다.

말보다 더 큰 메시지를 주는 행동

우리는 흔히 대화를 말의 영역으로만 생각한다. 하지만 상대방은 언어보다 훨씬 먼저 비언어적 태도를 읽는다. 표정, 눈빛, 몸짓, 자세 같은 신호들은 말보다 훨씬 강력하고 빠르게 마음에 다가온다.

특히 눈맞춤은 그 어떤 말보다 강력한 메시지를 전한다.

회의에서 내 이야기를 하던 중 누군가 눈을 맞추며 고개를 천천히 끄덕여 준다면, 나는 '내 말에 공감하고 있구나'라는 확신을 얻는다. 반대로 상대가 "좋아요", "알겠습니다"라고 말하면서도 시선은 스마트폰에 꽂혀 있다면 어떨까. 아무리 고개를 끄덕여도 진심이 전해지지 않는다. 오히려 '내 이야기는 대수롭지 않은가 보다'라는 생각만 들게 된다.

얼마 전 강의를 하게 되었던 한 회사의 팀장에게서 들은 이야기다. 팀원 중 한 명이 업무에서 실수를 저지른 상황에서, 그는 말로는 "괜찮다, 다음에 주의하면 된다."고 했지만 표정은 굳어 있었다고 한다. 강의를 들은 이후 그 팀장은 자신의 표정에 대해 인지하게 되었고, 그 팀원이 며칠 뒤 또 다른 실수를 했을 때는 의도적으로 부드러운 표정을 지으며 눈을 마주치고 같은 말을 했다고 한다.

놀랍게도 두 번째 상황에서 팀원의 반응이 완전히 달라졌다고 했다. 첫 번째는 위축되어 며칠간 소극적이었는데, 두 번째는 오히려 더 적극적으로 개선 방안을 제안했다는 것이다.

그렇다. 눈과 표정은 마음의 창이다. 시선을 맞추고, 표정으로 반응하고, 몸을 약간 앞으로 기울이는 작은 행동만으로도 상대는 자신이 존중받는다고 느낀다. 말보다 사소한 몸짓 하나가 더 강력한 신호가 된다. 실제로 한 연구에 따르면 대화에서 전달되는 메시지의 대부분은 언어가 아니라 비언어적 요소에서 비롯된다고 한다. 그만큼 몸짓과 태도는 소통의 성패를 좌우한다.

한 번 떠올려보자. 중요한 보고를 하는데, 상사가 팔짱을 낀 채 다른 곳을 보고 있다면 기분이 어떨까? 반대로 같은 상사가 시선을 맞추며 "계속 이야기해도 괜찮아."하고 말하는 듯 고개를 끄덕여 준다면 완전히 다른 자신감을 얻는다.

이게 바로 심리적 안전감의 시작이다. 비언어적 신호만으로도 '여기서는 실패해도 괜찮다, 내 의견이 환영받는다'는 메시지를 줄 수 있다. 이런 안전감이 쌓일수록 사람들은 더 과감한 아이디어를 내놓고, 더 솔직한 피드백을 나눈다.

경청이 상대의 자존감을 세운다

진짜 경청은 귀로만 하는 것이 아니다. 마음을 열고 상대의 존재 자체를 존중하는 태도다. 경청을 받는 사람은 단순히 내 말이 들렸다는 만족을 넘어 '나는 중요한 사람이다'라는 감정을 경험한다.

회의 자리에서 아이디어를 내려고 하는데 누군가 갑자기 말을 끊어버린 적 있는가? 그 순간 드는 생각은 단순히 '내 의견이 무시됐다'가 아니다. '나는 중요하지 않구나. 내 말은 건너뛰어도 되는구나'라는 쓸쓸함이다. 이런 경험이 반복되면 발언할 용기를 잃고, 스스로 위축된다. 결국 좋은 아이디어도, 필요한 피드백도 나오지 않는다.

나는 이런 상황을 여러 번 목격했다. 특히 신입 직원들이 회의에서 조심스럽게 의견을 내려다가 중간에 말이 끊기면, 그 다음부터는 아예 입을 다물고 앉아 있는 경우가 많다. 한 번은 정말 좋은 아이디어를 가진 팀원이 있었는데, 몇 번의 끊김 경험 이후로는 "아니요, 아무것도 아니에요."라는 말만 반복했다. 안타까웠다.

반대로, 누군가 내 이야기를 끝까지 들어주고 "네 말은 이런 뜻이지?"라며 짧게 정리해준다면 어떨까? 내 말이 단순히 흘려진 것이 아니라, 정말로 받아들여졌다는 확신을 얻게 된다. 이런 경험은 자존감을 세워주고, 다음에도 더 자신 있게 의견을 낼 수 있는 동력이 된다. 바로 이것이 경청의 힘이다.

여기서 중요한 것은 경청이 단순히 개인을 위로하는 차원을 넘어선다는 점이다. 처음에는 누군가의 경청 덕분에 용기를 얻지만, 그 경험이 쌓이면서 점차 자신만의 확신으로 바뀌어 간다. 마치 자전거 타기를 배울 때 처음에는 아빠가 뒤에서 잡아주지만, 나중에는 혼자서도 탈 수 있게 되는 것처럼 말이다.

조직에서 집단지성이 작동하려면 구성원 모두가 안전하게 발언할 수 있어야 한다. 그 안전감을 만드는 첫걸음이 바로 경청이다. 의견이 끝까지 존중받는 환경이 쌓일수록, 사람들은 더 많은 아이디어를 꺼내고 더 활발하게 토론에 참여한다. 이렇게 개인의 자존감을 세우는 동시에, 조직 전체의 지혜를 끌어내는 기반이 만들어진다.

그리고 여기서 놀라운 일이 일어난다. 처음에는 타인의 존중 덕분에 얻었던 용기가 점차 내 것이 되어간다. 존중받는 경험이 반복되면서 '내 의견도 가치 있다'는 확신이 생기고, 더 적극적으로 생각을 나누게 된다. 결국 조직 전체가 더 똑똑해지는 선순환이 완성된다.

침묵은 반짝이는 여백이다

대화의 힘은 말에만 있지 않다. 짧은 침묵은 상대가 감정을 정리하고, 생각을 더 깊게 꺼낼 기회를 마련한다. 침묵은 대화의 적이 아니라 또 하나의 언어다.

회의에서 한 팀원이 중요한 의견을 냈을 때, 바로 반응하지 않고 잠시 멈추어 보자. 몇 초의 공백이 주어지는 동안, 그는 스스로 말을 더 보완하거나 새로운 생각을 덧붙일 수 있다. 때로는 상대가 감정적으로 흥분해 있을 때, 그 침묵은 마음을 가라앉히는 완충 역할을 하기도 한다.

물론 침묵이 길어지면 상대는 불안할 수 있다. 그럴 때는 "천천히 말씀하세요" 같은 짧은 한마디가 안심을 준다. 중요한 건 침묵이 단순히 말이 끊긴 공백이 아니라, '**나는 당신의 생각을 충분히 기다려주겠다**'는 존중의 메시지로 작동한다는 점이다.

우리는 흔히 말을 많이 하는 사람이 대화를 이끈다고 생각하지만, 때로는 적절한 침묵이 훨씬 깊고 풍부한 대화를 만든다. 침묵 속에서 상대는 스스로 정리하고, 말하는 이는 진짜로 존중받는다는 감정을 얻는다. 그 순간 대화는 단순한 정보 교환을 넘어 마음과 마음을 잇는 다리가 된다.

상대를 빛나게 한다는 건 거창한 일이 아니다. **내 차례를 조금 늦추고, 시선을 맞추고, 끝까지 들어주고, 짧은 침묵을 허용하는 것.** 이런 사소해 보이는 행동들이 모여 신뢰를 쌓고, 대화를 따뜻하게 만든다.

무엇보다 중요한 건, 이 모든 태도가 개인을 넘어 조직 전체에 영향을 준다는 점이다. 한 사람의 경청, 한 번의 눈맞춤, 한 차례의 침묵이 쌓여 집단의 문화를 바꾼다. 그렇게 만들어진 문화 속에서 사람들은 더 많이 발언하고, 더 깊이 연결되며, 함께 생각하는 힘을 키운다.

결국 나를 빛나게 하는 길은 상대를 먼저 주인공으로 세우는 길과 다르지 않다. 그리고 그것이 모일 때 조직은 혼자보다 훨씬 멀리, 훨씬 지혜롭게 나아갈 수 있다.

두 번째. 옳음을 주장할수록 관계는 멀어진다

옳음을 붙드는 순간, 대화의 문은 닫힌다

우리는 살아가며 수많은 사람을 만나고, 그 안에서 각자의 방식으로 소통한다. 어떤 사람과는 대화가 술술 풀리지만, 어떤 사람과는 이야기를 나누기만 해도 마음이 불편해지고 갈등이 생기곤 한다. 그 차이를 만드는 가장 큰 요인 중 하나가 바로 옳음을 주장하는 태도다.

사람은 본능적으로 자기 생각이 옳다고 믿는다. 자신이 내린 판단, 자신이 쌓아온 방식, 자신이 옳다고 여기는 가치관을 자연스럽게 기준으로 삼는다. 그래서 상대에게도 그 기준을 그대로 적용하려 한다.

그러나 내가 옳음을 고집하는 순간, 상대는 자동으로 '틀린 사람'이 된다. 그리고 이 순간부터 대화는 이해가 아닌 설득이 되고, 설득은 어느새 공격과 방어의 형태로 바뀐다. 이런 교류는 갈등을 피할 수 없다. 점점 멀어지는 이유는 간단하다. 대화의 중심이 "우리"가 아니라 "누가 맞는가"로 이동하기 때문이다.

좋은 관계가 유지되기 위해서는 무엇보다 중요한 전제가 있다. 우리는 서로 다른 생각을 할 수 있는 '서로 다른 사람들'이라는 사실이다. 이 대전제가 서지 않으면, 건강한 대화는 시작될 수 없다.

진짜 대화는 설명하거나 설득하는 과정이 아니라, 서로의 관점을 이해하는 과정이다. 옳음을 잠시 내려놓는 순간, 비로소 대화가 다시 살아난다.

"나는 옳다 = 너는 틀리다"라는 위험한 공식

사람은 누구나 자기 생각을 옳다고 믿는다. 나 역시 내 생각이 옳다고 믿고, 상대방 역시 자기 생각이 옳다고 믿는다. 이렇게 서로가 각자의 옳음을 들고 있는 상태에서 대화를 하면 어떻게 될까?

"나는 옳다, 그러므로 너는 틀리다"라는 공식이 자동으로 작동한다. 이 공식이 작동하는 순간, 대화는 순식간에 '누가 옳은가'의 게임이 된다. 그 안에서 상대의 존재는 사라진다. 상대는 의견을 가진 한 명의 사람이 아니라, 내가 이겨야 하는 대상이 된다.

나도 예외가 아니다. 가끔 이런 마음이 올라온다. '어떻게 저런 생각을 하지?', '도대체 왜 저렇게 말하지?', '정말 이해할 수가 없네…' 이런 감정이 올라오는 순간, 나는 이미 상대의 존재를 인정하지 않고 있다. 심지어 내 옳음을 확인하기 위해 같은 말을 반복하며 상대를 몰아붙이기도 한다.

하지만 상대도 똑같이 생각한다. 상대도 자신이 옳다고 믿고 있고, 내가 틀렸다는 확신 속에 대화를 이어가기 때문이다. 이모저모로 보면 결국 두 사람 모두 같은 위치에 있다. "내가 옳아야 한다"는 명제가 부딪히는 순간, 갈등은 깊어질 수밖에 없다.

특히 세대 차이는 이 갈등을 더욱 선명하게 만든다. 기성세대는 책임과 헌신이 우선이라는 가치를 옳다고 믿고, 신세대는 효율과 워라밸이 우선이라는 가치를 옳다고 여긴다. 둘 중 누가 완전히 틀렸다 말할 수 있을까? 둘 다 그들이 살아온 환경과 경험 안에서 충분히 타당한 '옳음'이다.

얼마 전 한 기업에서 이런 일이 있었다. 20대 신입사원이 "이 업무는 자동화하면 1시간이면 끝나는데 왜 수작업으로 하루 종일 하나요?"라고 물었다. 50대 팀장은 "그건 네가 아직 일을 모르는 거야. 이 과정 하나하나가 다 의미가 있어."라고 답했다. 둘 다 틀린 말을 한 게 아니었다. 신입은 효율을 보고, 팀장은 과정의 의미를 봤을 뿐이다. 만약 서로가 "나는 옳다"는 프레임 안에 갇힌 순간? 대화에는 평행선이 그어진다.

중요한 건 내 옳음을 버리라는 뜻이 아니다. 상대의 옳음과 나의 옳음이 공존할 수 있다는 사실을 인정하는 것. 그 지점에서 비로소 파괴에서 협력으로 이동한다.

다름을 인정하지 못하는 순간, 대화는 막힌다

우리는 외적인 차이는 쉽게 받아들인다. 키가 다르고, 생김새가 다르고, 말투가 다르고, 취향이 다른 것은 별 문제 없이 인정한다.

그런데 유독 생각의 차이 앞에서는 관대하지 못다. 상대가 나와 다른 생각을 말하는 순간, "이상한 사람", "말이 안 통한다", "왜 저렇게 생각하지?" 같은 판단이 먼저 올라온다.

대학 동기 중 일란성 쌍둥이가 있었다. 겉모습은 누구보다 똑같았지만, 정작 본인들은 서로의 작은 차이를 굉장히 민감하게 느꼈다. 남들은 구분하지 못하는 작은 외형적 차이도 본인들은 크고 명확하게 느꼈던 것이다. 이처럼 사람은 외적인 작은 차이도 자연스럽게 받아들인다. 그런데 내면의 차이, 즉 생각의 차이는 훨씬 깊은 수용을 요구하기 때문에 더 쉽게 거부감이 생긴다.

예를 들어, 어떤 사람은 휴무에 집에서 쉬는 것이 에너지 충전이라고 믿고, 어떤 사람은 휴무일에 외부 활동을 해야 충전된다고 믿는다. 둘 중 무엇이 옳은가? 둘 다 자신에게는 옳고, 상대에게는 다를 뿐이다.

그런데 "내 방식이 맞다"라는 확신이 붙는 순간 문제가 된다. 사소한 일상도 이렇게 갈라지는데, 중요한 업무라면 그 차이는 훨씬 크게 느껴진다.

조직에서는 이런 일이 너무나 흔하다. 누군가는 "회의는 충분히 논의해야 한다."고 말하고, 누군가는 "핵심만 간단히 나누는 게 효율적이다."라고 믿는다. 무엇이 옳을까? 내 생각엔 둘 다 옳다. 각자의 경험과 목표에서 보면 모두 타당한 관점이다.

결국 중요한 것은 "다른 생각도 존재할 수 있다"는 사실을 인정하는 태도다. 대화는 이 인정에서부터 다시 시작된다. 상대가 나와 다르다는 사실은 위협이 아니라 새로운 관점이 등장한 순간이다. 이 순간을 기회로 삼으면 대화는 생산적으로 변한다.

생각의 차이를 받아들이는 용기

다름을 인정하는 것은 단순한 배려가 아니다. 그것은 자기 고집을 내려놓을 수 있는 용기다.

내가 언제나 옳다는 확신을 잠시 내려두면, 세상은 전혀 다른 모습으로 펼쳐진다. 같은 장면을 보더라도 사람마다 해석이 다르고, 다른 관점에서 전혀 새로운 발상이 나올 수도 있다. 이 다양성은 갈등의 씨앗이 아니라 혁신의 씨앗이다.

동원그룹 본사 1층 로비에는 세계지도가 거꾸로 걸려 있다.

김재철 회장은 이 지도를 보며 **"세상을 거꾸로 보면 한국인의 미래가 보인다."**고 말했다. 그저 지도를 뒤집었을 뿐인데, 한반도는 더 이상 대륙 끝자락의 작은 반도가 아니다. 오히려 태평양을 바라보고 비상하는 가능성의 중심이 된다. 같은 지도를 보고도 관점을 달리하니 완전히 다른 미래가 펼쳐진 것이다.

조직도 마찬가지다. 내 관점만 옳다고 믿는 순간 혁신은 멈추지만, 잠시 마음을 열고 다른 시선을 받아들이는 순간 전혀 새로운 가능성이 열린다.

픽사의 '브레인트러스트' 회의가 좋은 예다. 영화 제작 중 어려움에 부딪히면, 감독과 제작진이 모여 솔직하게 피드백을 나눈다. 이

자리에서 중요한 원칙이 하나 있다. "당신 생각이 틀렸다."가 아니라 "내가 보기엔 이렇게도 보이던데"로 말하는 것이다. 이 작은 차이가 〈토이 스토리〉, 〈인사이드 아웃〉 같은 명작을 만들어냈다.

이처럼 조직은 같은 생각으로 움직일 때보다 다른 생각이 충돌하고 교차할 때 더 똑똑해진다. 다름은 불편함이 아니라 발전의 원동력이다. 그 다름을 받아들이는 용기는 성숙함에서 오고, 그 성숙함이 협업의 깊이를 만든다.

대화는 설득의 장이 아니라 이해의 장이다. 그리고 이해는 내가 잠시 멈추고, 다른 관점을 받아들일 때 시작된다.

다름을 인정하는 태도는 단순히 부드러운 관계를 만드는 수준에서 끝나지 않는다. 그것은 조직의 지혜가 흐르는 통로를 여는 일이다. 누군가의 생각이 나와 다를 때, 그 다름을 밀어내는 대신 한 걸음 들어가 **"왜 그렇게 생각했을까?"**를 묻는 사람. 바로 그 사람이 집단지성을 움직인다.

결국 조직을 똑똑하게 만드는 힘은 서로 다른 생각이 공존할 수 있다는 걸 아는 사람에게서 시작된다.

세 번째. 침묵 속에서, 마음은 더 크게 들린다

혹시 회의 중 정적이 흐르자, 어색함을 깨보겠다고 굳이 말을 꺼냈다가 '아, 이 말은 안 했어도 됐는데…' 하고 후회해본 적이 있는가?

대화 도중 침묵이 흐르면 견디지 못하는 사람들이 있다. 무슨 말이라도 해야 할 것 같고, 분위기를 이어가야 할 것 같은 초조함이 올라온다. 그래서 아무 말이나 던졌다가 말실수를 하고, 돌아오는 길에 혼자 머리를 싸매곤 한다.

그런데 가만히 들여다보면, 필요 없는 말로 낭패를 보는 것보다 침묵을 잘 활용하는 것이야말로 훨씬 중요한 소통의 기술이다.

우리는 대화가 꼭 '말'로만 이루어진다고 착각하지만, 사실 대화는 침묵 속에서도 계속 흐른다. 아무 말도 하지 않는 그 순간에 오히려 진짜 이야기가 들릴 때가 있다. 침묵은 공백이 아니라, 상대가 마음을 열고 더 깊은 이야기를 꺼낼 수 있도록 돕는 도구다.

물론 모든 침묵이 긍정적인 것은 아니다. 상대의 말을 무시하거나, 불편한 이야기를 회피하기 위한 침묵은 소통을 끊어버리는 신호가 된다.

하지만 존중과 관심이 담긴 의도적인 침묵은 다르다. 그 침묵은 강력한 경청의 신호가 되고, 상대가 스스로 생각을 정리하고 알아차림을 얻도록 도와주는 여백이 된다.

옛말에 "침묵은 금이다."라는 말이 있다. 그저 말을 아끼라는 뜻이 아니라, 잘 쓰인 침묵은 상대의 마음을 열고 관계를 단단하게 만드는 전략적 도구라는 의미에 더 가깝다.

침묵은 말보다 큰 신호다

짧은 침묵은 무관심의 표시가 아니다. 오히려 집중하고 있다는 신호일 때가 많다.

우리는 대화 중 상대가 말을 멈추면, 서둘러 침묵을 깨야 한다는 압박을 느끼곤 한다. 정적이 흐르면 "이건 실패한 대화야."라고 오해하기도 한다.

하지만 진짜 대화를 잘하는 사람은 이 짧은 침묵을 서둘러 깨지 않고, 조심스럽게 지켜본다. 침묵은 상대가 자신의 생각을 정리할 수 있도록 기다려주는 행위이자, 상대를 존중하는 태도이기 때문이다.

이때 중요한 건 '어떻게 기다리는가'이다. "얼마나 더 기다려야 하죠?", "빨리 얘기해보세요."라는 말 대신, 그저 눈을 맞추고, 가볍게 고개를 끄덕이며, 몸을 앞으로 조금 기울인 채 조용히 기다려주는 것.

말은 없지만, 이 비언어적인 신호들은 이렇게 말해주고 있다.

"나는 당신을 기다리고 있습니다."

"당신이 무슨 말을 하든 괜찮아요."

그 메시지가 전해지는 순간, 상대 마음 안에서는 '한번 말해보자'라는 용기가 조금씩 자란다. 결국 진짜 하고 싶었던 말, 가장 깊은 속마음은 이런 침묵의 공간에서 비로소 올라온다.

실제로 신입 강사들의 시범 강의를 심사할 때 이런 장면을 자주 보게 된다. 강의 도중 말이 막혀 멈칫하는 순간, 심사자가 서둘러 "계속 진행하세요."라고 재촉하면 어떤 일이 벌어질까?

신입 강사는 더 긴장하고, 머리는 하얘지고, 결국 준비해왔던 흐름까지 잃어버리기 쉽다. 그런데 같은 상황에서 심사자가 아무 말도 하지 않고 눈빛으로 '괜찮습니다. 잠깐 생각하셔도 돼요'라는 메시지만 보내면, 신입 강사는 잠깐 숨을 고르고 생각을 정리한 뒤 다시 차분하게 강의를 이어간다. 그 몇 초의 침묵이 자신감을 회복시키는 시간이 되는 것이다.

코칭 대화에서도 침묵은 매우 중요한 도구다. 고객이 깊은 고민이나 감정적인 이야기를 꺼낼 때, 서둘러 조언을 늘어놓는 코치는 좋은 코치가 아니다.

"그렇다면 지금 가장 중요한 것은 무엇인가요?" 이렇게 한 문장만 던지고 침묵을 지킬 때, 고객은 자신 안에서 답을 찾기 시작한다. 그 조용한 몇 초, 몇 분 동안 어떤 조언보다 더 큰 깨달음이 일어나기도 한다.

침묵은 단순히 말이 없는 시간이 아니다. 상대에게 온전히 집중하고 있다는 강력한 신호이며, 대화의 여백 속에서 진짜 메시지가 모습을 드러나게 하는 기술이다. 침묵의 미학을 잘 활용한다면, 말보다 훨씬 큰 힘을 가진 소통 도구가 된다. 결국 침묵은 상대를 재촉하지 않고 존중하는 가장 큰 신호다.

말을 멈출 때 드러나는 상대의 진짜 의도

대화 중 상대가 횡설수설하거나, 도대체 무슨 말을 하려는 건지 잘 이해가 되지 않을 때가 있다.

이때 우리는 흔히 이렇게 한다. 상대의 의도를 내 방식대로 정리해서 되묻거나, "그러니까 이런 말이죠?" 하며 정리해주려 들거나, 급하게 화제를 전환해버린다.

하지만 이 순간이야말로 가장 조심해야 할 타이밍이다. 말하는 사람이 아직 생각을 다 꺼내지 않았는데 성급한 질문과 정리로 끼어들면, 이야기 흐름은 전혀 엉뚱한 방향으로 흘러가 버릴 수 있다.

사람은 이야기를 할 때 대부분 앞부분에는 겉으로 보이는 생각을 말하고, 뒷부분에 갈수록 진짜 하고 싶은 말을 꺼내는 경향이 있다. 처음에는 표면적인 이유를 말하지만, 말을 이어가다 보면 점점 본심에 가까워진다. 그래서 말의 뒷부분에 본심이 숨어 있는 경우가 많다.

그렇기 때문에 내가 잠시 말을 멈추고 기다려주는 사람일수록 상대의 진짜 의도와 감정을 들을 수 있다. 조급하게 개입하지 않고, 상대가 말의 끝까지 도달할 수 있도록 기다려줄 때, 대화의 핵심이 비로소 드러난다.

나 역시 이 사실을 몸으로 배운 경험이 있다.

어느 날, 회사에서 퇴사를 결심하고 "퇴사하겠습니다."라는 말을 하기 위해 파트장과 면담을 신청했다. 하지만 막상 면담이 시작되니 파트장은 업무 이야기를 하고, 새로운 아이디어를 말하고, 조직의 미래 비전을 이야기했다.

내가 말문을 열 틈은 좀처럼 오지 않았다. 어쩌다 타이밍이 오나 싶으면 대화는 다른 이슈로 금방 옮겨갔다. 결국 그날, 나는 끝내 "퇴사하겠습니다."라는 말을 꺼내지 못했다. 면담이 끝난 뒤에 남은 것은 '아무 말도 하지 못했다'는 답답함뿐이었다.

그때 깨달았다. 진짜 속마음을 꺼내기 위해서는 상대가 말을 멈추고 기다려주는 시간이 분명히 필요했다.

말을 멈춘다는 것은 나의 개입을 최소화하겠다는 선택이다. 상대가 스스로 생각을 정리하고, 진짜 하고 싶은 말이 무엇인지 찾아갈 수 있도록 시간과 공간을 내어주는 일이다.

성급하게 질문을 던지거나 화제를 바꿔버리면, 상대는 자신의 진심을 이야기할 기회를 잃는다. 그 대화는 "그래서 뭐가 본론이었지?"라는 허무함만 남기고 끝난다.

결국, 상대의 진짜 이야기를 듣는 가장 강력한 방법은 내가 말을 멈추고 잠시 기다리는 것이다. 침묵의 미덕을 이해하고 활용하는 사람만이 말의 뒷부분에 숨어 있는 본심을 들을 수 있다. 그 사람만이 더 깊고 진정성 있는 대화로 들어갈 수 있다.

듣기 위해 필요한 건 귀가 아니라 마음

커뮤니케이션은 단순히 말을 주고받는 행위가 아니다. 진짜 커뮤니케이션은 마음을 주고받는 과정이다. 말은 그 마음을 전달하는 하나의 도구일 뿐이다. 사람은 자신의 말을 쏟아내는 것만으로도 어느 정도 후련함을 느낀다. 하지만 진짜 위로와 신뢰는 그 말 속에 담긴 감정을 누군가 알아줄 때 생긴다.

단순히 소리를 듣는 것은 귀의 역할이다. 그러나 말의 의미와 그 안에 담긴 마음을 이해하려는 태도, "저 말 뒤에는 어떤 감정이 숨어 있을까?"를 한 번 더 생각해보는 마음이 더해질 때, 비로소 진정한 경청이 된다.

한 신입사원이 입사 초기에 이런 말을 한 적이 있다. "뭘 해야 될지 모르겠어요…"

겉으로만 보면 단순히 업무를 잘 몰라서 하는 말처럼 들린다. 하지만 그 말 속을 들여다보면 불안, 긴장의 감정, 즉 '도와달라'는 신호가 섞여 있다. 만약 여기서 "이거부터 하면 되잖아요."리며 입무만 시시했다면 어떻게 됐을까? 그 신입사원은 자신의 고민과 감정이 이해받지 못하고, 그냥 '일 못하는 사람'으로만 받아들여졌다고 느꼈을 것이다.

하지만 미음으로 듣는다면 대답은 달라진다.

"아직 낯설죠? 저도 처음 입사했을 때 똑같은 마음이었어요. 우리

우선 이 업무부터 같이 정리해보면서 시작해볼까요?"

이렇게 반응하면, 그는 단순히 일을 지시받은 것이 아니라 자기 감정이 이해되고 존중받고 있다는 느낌을 받게 된다. 안도감이 생기고, 마음이 열린다. 그때부터 비로소 '함께 일하는 관계'가 시작된다.

여기서 필요한 태도가 바로 역지사지다. **"내가 지금 저 사람이라면 어떤 마음일까?", "저 말 뒤에는 어떤 감정이 숨어 있을까?"** 이렇게 상대의 자리에서 한 번 바라보려는 시도가 필요하다.

이 시도가 있어야 귀로 듣는 경청을 넘어 마음으로 듣는 공감이 가능해진다.

조직 안에서 신뢰와 협력이 자라나기 위해서는 귀로만 듣는 사람이 아니라 마음으로 들어주는 사람이 필요하다. 마음을 기울여 들어줄 때, 경청은 공감으로 바뀌고, 공감은 신뢰가 되고, 신뢰는 결국 조직의 집단지성을 움직이는 에너지가 된다.

침묵을 두려워하지 않는 사람 곁에서, 사람들은 더 깊은 이야기를 꺼낸다. 말을 멈추고 기다려주는 여유 속에서, 진짜 본심이 드러난다. 그리고 귀가 아닌 마음으로 듣는 사람과 함께할 때, 조직은 비로소 함께 생각하는 힘을 얻는다.

네 번째. 갈등을 돌파하는 유일한 언어

우리는 '갈등'이라는 단어를 들으면 어떤 장면이 먼저 떠오를까? 언성이 높아진 사무실, 관계가 틀어진 팀 동료, 혹은 화가 난 나의 얼굴처럼 대부분은 부정적인 장면을 떠올린다. 갈등이라는 단어가 주는 무게가 그만큼 크기 때문이다.

'갈등(葛藤)'의 어원을 보면 갈(葛)은 칡, 등(藤)은 등나무를 뜻한다. 두 식물 모두 덩굴식물이지만 서로 반대 방향으로 감고 올라가는 성질이 있어 한쪽이 결국 죽기도 한다. 여기서 '갈등'이라는 단어가 비롯되었다고 한다. 즉, 갈등은 각자가 옳음을 주장하며 서로 엇갈리는 끝에 함께 자라지 못하는 상태를 말한다.

조직에서도 이 갈등은 여러 모습으로 나타난다. 업무 우선순위를 두고 부서 간 의견이 충돌하거나, 상사와 직원 간 세대 갈등이 생기고, 개인 성향·성격 차이가 긴장을 일으키는 등 갈등의 원인은 매우 다양하다.

하지만 갈등이 항상 조직을 해치는 것일까? 많은 전문가들은 그렇지 않다고 말한다. 갈등이 전혀 없는 조직은 오히려 성장이 정체

되고, 극단적 갈등은 조직을 해치지만, 적당한 갈등은 조직을 발전시키는 힘이 된다. 갈등이 순기능을 할 수 있다는 의미다.

결국 갈등은 피해야 할 문제가 아니라 관리하고 활용해야 할 에너지다. '비 온 뒤 땅이 굳는다.'는 말처럼, 갈등을 건강하게 다루면 조직은 오히려 더 단단해질 수 있다. 따라서 중요한 것은 갈등의 존재 자체가 아니라, 갈등 속에서 어떤 언어와 감정으로 대화하느냐이다.

화난 순간에는 논리가 통하지 않는다

갈등 상황에서 우리는 흔히 논리로 설득하려 한다. "이건 이런 이유 때문에 그런 거예요.", "데이터를 보시면 알겠지만" 하며 근거를 들이댄다. 하지만 화가 난 순간에는 어떤 논리도 통하지 않는다.

미국의 신경과학자 폴 도널드 맥린(Paul Donald MacLean, 1913-2007) 박사의 '삼위일체 뇌 모델'에 따르면 인간의 뇌는 크게 세 부분으로 나뉜다. 생존 본능을 담당하는 파충류의 뇌, 감정을 담당하는 포유류의 뇌, 그리고 이성적 사고를 담당하는 영장류의 뇌다.

평소에는 이 세 부분이 함께 기능하지만, 강한 스트레스나 분노가 올라올 때는 상황이 달라진다. 이성적 판단을 담당하는 영장류의 뇌는 기능을 잃고, 가장 원초적인 파충류의 뇌가 주도권을 잡는다. 즉, 생존 모드가 켜지는 것이다.

이 상태에서는 귀가 닫힌다. 상대의 어떠한 말도 받아들여지지 않는다. 논리적 설득이 통하지 않는 이유가 여기에 있다. 마음은 방어하거나 공격하는 데만 집중하고, 이성적인 대화는 불가능해진다.

회의실에서 이런 장면을 본 적 있을 것이다. 한 팀원이 흥분한 목소리로 "이건 말이 안 돼요!"라고 하면, 상대방은 차분하게 "그게 아니라 데이터상으로는"이라며 숫자를 보여준다. 하지만 흥분한 팀원은 그 데이터를 전혀 보지 않는다. 보이지도 않고, 들리지도 않는다. 대신 "또 이러시네."라는 반응만 나온다.

이건 고집이나 무례함의 문제가 아니다. 뇌 과학적으로 볼 때, 그 순간 그 사람의 뇌는 논리를 처리할 수 없는 상태다. 아무리 정확한 데이터를 제시해도 소용없다.

따라서 갈등을 건강하게 해결하기 위한 첫 단계는 설득이 아니라 진정시키는 것, 즉 감정을 안정시키는 것이다. 감정이 가라앉지 않은 상태에서 논리를 펼치는 건 벽에 대고 말하는 것과 다르지 않다.

분노는 귀를 닫고 마음을 가둔다

갈등의 순간 우리는 '이 상황을 논리적으로 해결해야 한다.'고 생각한다. 그래서 근거를 들이밀고, 이유를 설명하고, 나의 주장을 반복한다. 이런 말들이 쌓이면 대화는 이미 대화가 아니다. 감정의 충돌만 있을 뿐이다.

조직에서도 흔히 보인다. "네가 자료를 늦게 줬잖아!" "처음부터 일정이 타이트했잖아요!" 각자에게는 나름의 논리가 있다고 믿지만, 실제로는 감정만 키우는 과정이다.

분노 상태에서는 상대의 귀는 닫혀 있다. 그럴수록 감정의 소음만 커진다. 목소리가 높아지고, 말이 빨라지고, 표정이 굳어진다. 이

때 더 큰 문제는 상대뿐 아니라 나 자신도 듣지 못한다는 점이다. 내 마음의 귀도 함께 닫혀 있기 때문이다.

분노는 상대를 향한 것 같지만, 사실 가장 먼저 나를 가둔다. 내 시야를 좁히고, 내 생각을 경직시키고, 내 선택지를 제한한다. 나는 이게 맞고, 저 사람은 틀렸다는 이분법적 사고만 남고, 그 사이의 모든 가능성은 사라진다.

한 번은 이런 일이 있었다. 프로젝트 마감을 앞두고 팀원 간 의견이 충돌했다. A는 "품질을 높여야 한다."고 주장했고, B는 "일정을 맞춰야 한다."고 맞섰다. 둘 다 틀린 말이 아니었다. 하지만 감정이 격해지면서 대화는 "당신은 품질을 신경 쓰지 않는다." vs "당신은 현실을 모른다."는 식의 인신공격으로 변질됐다.

결국 팀장이 개입해 "10분만 쉬고 다시 모이자."고 했다. 커피를 마시고 돌아온 두 사람은 놀랍게도 "품질 핵심 부분만 집중하고, 나머지는 다음 버전으로 미루는 건 어때요?"라는 절충안을 함께 찾아냈다. 감정이 가라앉자 귀가 다시 열렸고, 대화가 가능해진 것이다.

진짜 소통은 말을 많이 하는 데서 시작되지 않는다. 상대의 귀를 다시 열어야 대화가 시작된다. 그리고 그보다 먼저, 내 마음의 귀를 열어야 한다.

무엇보다 말이 빨라지거나, 목소리가 커지거나, 감정이 흔들리는 신호가 느껴진다면 잠시 멈춰야 한다. 호흡을 고르거나, 물을 마시거나, 짧게 대화를 중단하는 것만으로도 대화의 흐름이 달라진다.

공감은 갈등을 이기는 유일한 언어

결국 갈등은 논리로 풀리지 않는다. 옳은 말을 듣고도 감정이 상하면 절대 움직이지 않는 것이 사람의 마음이다. 반대로 자신의 감정이 이해받았다고 느끼는 순간, 대화의 문은 열린다.

공감은 동의가 아니다. 상대의 의견에 찬성하는 것도 아니고, 내 생각을 바꾸는 것도 아니다. 공감은 상대의 감정을 인정하는 것이다. "네 말이 맞아."가 아닌 "그렇게 느낄 수도 있겠네."이런 말들이 상대의 방어를 풀고 마음을 여는 출발점이 된다.

조직에서의 갈등도 사실은 대부분 '사실'이 아니라 '감정'에서 시작된다. 억울함, 서운함, 무시당했다고 느낀 마음 등이 풀리지 않으면 아무리 많은 근거 자료를 제시해도 관계는 회복되지 않는다.

상대가 마음을 열기 시작하는 지점은 자신의 감정이 인정받는 순간이다. 그래서 '공감'을 두고 갈등을 풀어내는 유일한 언어라고 말하는 것이다. 논리는 이길 수 있지만, 공감은 함께 갈 수 있게 만들어 주는 강력한 힘을 가지고 있기 때문이다.

감정을 다스려야 대화가 가능해진다

공감을 위해 가장 먼저 필요한 것은 상대를 읽는 기술이 아니다. 내 감정을 먼저 안정시키는 것이다.

비행기 비상 상황에서 보호자가 먼저 산소마스크를 써야 아이를 도울 수 있듯, 갈등 상황에서도 내가 감정적으로 안정된 상태여야 대화를 주도할 수 있다. 감정이 격해진 상태에서 하는 말들은 대부분 관계를 멀어지게 만든다. 그래서 감정 조절은 선택이 아니라 필수다.

내 감정의 '초기 신호'를 알고 있다면 이때 나만의 작은 루틴을 실행하는 것이 도움이 된다. 말이 빨라진다, 목소리가 커진다, 표정이 굳는다, 가슴이 답답하다, 주먹에 힘이 들어간다. 이런 신호들이 느껴질 때가 바로 개입의 적기다.

이때 할 수 있는 작은 행동들

첫째. 잠깐 자리에서 벗어나기.
화장실에 다녀오거나 물을 마시러 가는 것만으로도 감정의 고리가 끊긴다.

둘째. 대화 속도를 의도적으로 늦추기.
빠른 말은 빠른 감정을 부른다. 천천히 말하면 감정도 따라서 가라앉는다.

셋째. 심호흡하기.
3초 들이마시고, 3초 참고, 3초 내쉬는 것만 반복해도 심박수가 안정된다.

넷째. 솔직하게 말하기.
"제가 조금 정리가 필요해서요. 잠시만요."라고 말하는 것도 괜찮다. 오히려 이런 솔직함이 상대에게도 안정감을 준다.

한 관리자는 이런 방법을 쓴다고 했다. 감정이 올라올 때 책상 서랍에 있는 펜을 꺼내 손으로 만지작거린다. 그 단순한 행동이 주의를 분산시켜 감정의 폭발을 막아준다고 했다. 또 다른 사람은 회의 중 화가 나면 종이에 낙서를 하거나 숫자를 거꾸로 세는 방법을 쓴다. 각자에게 맞는 방법은 다르지만, 중요한 건 '내 감정을 알아차리고, 개입한다'는 태도다.

갈등은 조직의 적이 아니다. 갈등을 어떻게 다루느냐가 조직의 성숙도를 결정한다. 논리로 이기려 하지 말고, 감정을 먼저 안정시키고, 공감으로 마음을 열어야 한다. 그때 비로소 갈등은 조직을 더 단단하게 만드는 에너지가 되고, 서로 다른 생각들이 건강하게 부딪히며 집단지성이 자라난다.

명심해야 한다. 갈등 상황에서 중요한 것은 상대보다 내가 먼저 나를 다스리는 것이다. 내 감정이 안정될 때 비로소 공감과 대화가 가능해진다. 그리고 내가 먼저 침착해지면, 상대도 따라서 진정되는 경우가 많다. 감정은 전염되기 때문이다.

다섯 번째. 공감이 모일 때, 집단지성은 깨어난다

뛰어난 인재들이 모여 있는 구글에도 성과를 내는 팀이 있고, 그렇지 못한 팀이 있다. 왜 어떤 팀은 같은 환경에서도 더 창의적이고 빠르게 문제를 해결할까?

이 질문에 답하기 위해 구글은 2012년부터 4년 동안 '아리스토텔레스 프로젝트'를 진행했다. 수많은 데이터를 분석한 결과, 성과를 내는 팀의 핵심 조건은 지능이나 학력, 리더의 카리스마가 아니라 바로 심리적 안전감이었다. 심리적 안전감이란 "이 팀에서는 내가 실수를 하더라도 누구도 나를 비난하거나 부끄럽게 만들지 않는다."는 믿음이다.

그렇다면 이 믿음은 어디에서 시작될까?

나는 그 출발점이 공감이라고 생각한다. 공감은 개인과 개인의 연결을 넘어 조직 전체의 흐름을 바꾼다. 공감 없는 협업은 겉돌지만, 공감이 깔린 협업은 시너지를 만든다. 서로의 마음을 인정하고 들을 줄 아는 태도는 조직 내 신뢰를 만들고, 그 신뢰는 심리적 안전감으로 이어진다. 그 안전한 공간에서 사람들은 자유롭게 생각을 표현하며, 서로의 경험과 지식이 연결되어 조직은 하나의 거대한 두뇌처럼 움직이기 시작한다.

성과는 관계 위에 세워진다

조직에서 우리는 '팀'이라는 이름으로 일한다. 개인의 능력이 아무리 뛰어나도, 혼자 성과를 낼 수는 없다. 결국 모든 일은 사람과 함께 하고, 사람 사이의 관계가 곧 조직의 토대가 된다.

대한민국 직장인 주요 스트레스 1위가 '대인관계'라는 조사 결과도 있다. "일은 버텨도 사람은 못 버틴다"는 말이 나오는 이유다. 관계가 어긋나면 감정이 흔들리고, 감정이 흔들리면 업무 몰입이 떨어지며, 결국 성과도 어려워진다.

많은 조직이 전략·목표·시스템에 집중하지만, 실제로 성과를 결정짓는 것은 그 전략을 실행하는 사람과 사람 사이의 관계의 질이다.

불신과 경쟁이 강한 팀은 아무리 뛰어난 전략을 세워도 성과를 내기 어렵다. 불신은 협업을 막고, 경쟁은 경계를 만든다. 경계가 만들어지면 지식의 흐름이 멈추고 아이디어는 회의실 문턱에서 사라진다.

반대로 신뢰와 공감이 흐르는 팀은 전략이 다소 부족해도 끝내 결과를 만든다. 서로의 가능성을 믿는 마음이 행동을 낳고, 행동이 협력으로 이어지며, 협력이 성과를 만든다.

공감이 깔린 관계에서는 실수가 두려움의 대상이 아니다. 실수는 배움의 기회가 되고, 서로를 성장시키는 자극이 된다. 성과를 내는 조직은 언제나 '사람이 중심에 있는 조직'이다. 성과를 내지 못하는 조직은 '성과가 사람 위에 있는 조직'이다.

이 차이는 아주 작은 관계적 행동에서 시작된다. 리더가 팀원의 마음을 이해하려는 한 문장, 동료가 동료에게 건네는 짧은 공감 한 마디가 조직의 분위기를 바꾼다.

결국 조직의 성과는 관계 위에, 관계는 공감 위에 세워진다. 공감은 조직 문화를 바꾸는 가장 인간적인 전략이자, 성과를 지속시키는 가장 확실한 방법이다.

집단은 공감할 때 창의성을 발휘한다

조직에서 창의성은 한 사람의 번뜩이는 아이디어에서 시작될 수 있지만, 그 아이디어가 자라는 환경은 집단의 분위기가 결정한다. 자유로운 발상은 누가 더 똑똑한가보다 얼마나 심리적으로 안전한가에 달려 있다.

공감이 흐르는 조직에서는 미숙한 말, 정리되지 않은 생각도 일단 들어보려는 분위기가 있다. 그러면 사람들은 "말해도 괜찮을까?"라는 두려움 대신 "한번 이야기해볼까?"라는 용기를 낸다. 창의성은 바로 그 순간 솟아난다.

반대로 공감이 부족한 조직에서는 아이디어가 있어도 말하기 어렵다. 비판이 돌아오는 회의라면, 침묵이 가장 안전한 선택이 되어버린다. 그렇게 조직의 분위기가 창의성을 결정한다.

때론 공감은 대화의 질뿐 아니라 '대화의 양'에서도 만들어진다. 형식적인 회의 몇 번으로는 신뢰가 쌓이지 않는다. 업무 이야기뿐 아니라 일상적인 대화, 가벼운 교류들이 쌓일 때 서로의 마음의 벽이 낮아지고 내면의 소통이 가능해진다.

그래서 창의적인 아이디어는 회의실보다 탕비실 같은 비형식적 공간에서 더 자주 나온다. 커피 한 잔을 사이에 두고 경쟁도 평가도 없는 편안한 대화를 나누는 과정에서 "이건 그냥 갑자기 생각난 건데…"로 시작된 말이 프로젝트의 전환점이 되기도 한다.

창의성은 뛰어난 개인이 만드는 것이 아니라 공감이 흐르는 집단 환경에서 탄생한다. 공감은 단순한 감정이 아니라 집단의 에너지를 연결시키는 촉매제다. 서로의 감정을 이해하고 존중하는 순간, 그 안에서 새로운 발상이 자연스럽게 나온다.

뛰어난 개인보다 중요한 것은 서로의 연결

진정한 집단지성은 뛰어난 개인의 합이 아니라 서로의 연결에서 만들어진다. 능력이 아무리 뛰어나도 혼자 할 수 있는 일에는 한계가 있다. 반면 서로 다른 강점을 가진 사람들이 연결되면 개인의 한계를 넘어설 수 있다.

앤드류 카네기는 "팀워크는 평범한 사람들이 비범한 결과를 이루게 하는 원동력"이라고 말했다. 팀워크는 각자의 역량을 하나의 방향으로 모으는 힘이며, 혼자서는 도달할 수 없는 목표를 함께 이루게 만든다.

그 중심에는 신뢰가 있다. 신뢰가 없는 팀은 실패 앞에서 쉽게 흔들리지만, 신뢰가 있는 팀은 실패조차 두렵지 않다. 구글 전 CEO 에릭 슈미트도 "서로가 서로를 **신뢰할 때**, **불가능은 없다**."고 말했다.

신뢰는 하루아침에 만들어지지 않는다. 작은 약속을 지키는 일, 서로를 인정하는 태도, 칭찬을 나누는 문화, 실수를 비난하지 않는 분위기 속에서 천천히 쌓인다. 그렇게 쌓인 신뢰가 사람을 연결하고, 연결이 조직의 시너지를 일으킨다.

결국 팀워크는 뛰어난 개인의 능력이 아니라 공감과 신뢰로 연결된 관계가 만든다. 서로의 연결이 단단한 팀이 비범한 성과를 만든다. 집단지성은 개인의 재능이 아니라, 서로를 믿고 연결되는 과정에서 자라난다.

공감, 집단지성의 열쇠

공감은 단순히 좋은 사람이 되기 위한 예의나 매너가 아니다. 공감은 관계를 잇는 기술이며, 조직을 움직이는 에너지다. 한 사람의 공감은 작은 변화에 불과할 수 있지만, 그 공감이 조직 전체로 확장될 때 팀은 하나의 생명체처럼 움직인다.

심리적 안전감은 공감에서 시작되고, 공감은 신뢰를 만들고, 신뢰는 연결을 만들며, 그 연결은 개인의 지식을 하나로 모아 집단지성을 깨운다.

결국 공감은 조직이 미래로 나아가기 위해 반드시 갖춰야 할 역량이자, 사람이 모여 이루는 모든 공동체가 지속적으로 성장하기 위해 필요한 가장 인간적인 기술이다.

참고문헌

『뱀의 뇌에게 말을 걸지 마라』, 마크 고울스톤

『기적을 부르는 공감 대화법』, 장신웨

3부

함께 성장하는 조직 : 협업이 진화로 이어지는 순간

5장

협업 Collaboration
같이의 힘을 성과로 바꾸는 기술

21년간 기업과 기관의 HRD 현장을 누비며 '사람이 함께 일할 때, 조직은 어떻게 성장하는가'라는 단 하나의 주제에 집중해왔다.

리더십과 소프트스킬, 변화혁신 교육을 통해 수많은 조직이 협업의 과정을 재정의하는 순간을 만들어오며, 협업을 단순한 프로세스가 아닌 문화이자 역량으로 보는 것이 조안나 대표만의 특별한 관점이다.

그녀의 강의는, 늘 현장 중심으로 설계된다. 실제 조직에서 발생하는 커뮤니케이션 이슈를 기반으로 협업이 작동하지 않는 원인을 분석하고, 이를 개선하기 위한 실행전략과 변화관리 솔루션을 제시한다. 교육 이후에는 팀 단위 피드백과 코칭을 병행하며, 조직이 스스로 학습하고 성장하는 구조를 지원한다.

'협업은 단순한 협력이 아니라, 성과로 이어지는 신뢰의 기술'이라는 철학 아래, 오늘도 사람과 조직이 함께 성장하는 협업의 문화를 설계하며 수많은 기업의 러브콜을 받고 있다.

조안나 지음
교육학 박사, 조이교육컨설팅 대표

E-mail. annahoho777@hanmail.net
Blog. blog.naver.com/sexyfax
Instagram. joyedulab2024

첫 번째. 빠름의 유혹 vs 멀리의 전략

혼자는 빠르다, 함께는 멀리 간다

얼마 전 기업교육 전문기업 휴넷이 국내 CEO 245명을 대상으로 설문조사를 진행했다. 결과는 단순하면서도 명확했다. "2026년의 키워드가 무엇인가?"라는 질문에, 응답자의 30% 이상이 주저 없이 '혁신'을 골랐다. 이어서 '성장(24.4%)', '생존(21.3%)', '전환(3.1%)'이 뒤를 이었다.

"변화를 선도하지 못하면 살아남을 수 없다."

숫자는 차갑지만, 그 안에 담긴 메시지는 무겁다. 많은 CEO가 같은 불안을 품고 있다는 뜻이기 때문이다.

그렇다면 혁신은 무엇으로 가능할까? 많은 이들이 속도, 기술, 자본을 떠올린다. 물론 필요하다. 하지만 그것만으로는 오래가지 못한다. 변화의 물살이 거셀수록, 혼자 노를 저으면 금세 지치고 방향을 잃는다. 진짜 혁신은 오래 버티는 힘에서 나오며, 그 힘은 개인이 아니라 '함께'로부터 생겨난다.

세계 무대의 사례를 살펴 보자. CES 2023~2025의 주제는 매년 조금씩 달랐지만, 흐름은 한 방향을 가리켰다. 디지털 전환, 메타버스, AI, 그리고 지속가능성.

기억에 남는 장면은 삼성과 LG가 '우리만의 생태계'를 넘어, 타사 기기와 연동하는 기술을 과감히 선보인 순간이었다. 이는 단순한 기술 진보 이상의 상징적 메시지였다. 경쟁 중심의 패러다임이 협력 중심으로 옮겨가고 있다는 선언이었다.

《트렌드 코리아 2025》가 강조한 '공진화 전략'이란 말은 바로 이 흐름을 압축한다. 서로 영향을 주고받으며 함께 진화하는 것, 그것이 이제 기업의 생존 방식이다.

스티브 잡스는 애플의 핵심을 "믿을 수 없을 만큼 협력적인 회사"라고 표현했다. 이 말은 애플이 천재 개인들의 집합이 아니라, 서로를 신뢰하고 맡기는 문화로 움직인다는 뜻이었다. 경영진은 팀을 어떻게 나눌지, 어떤 목표를 향해 갈지 논의하며, 각자의 역할이 모여 하나의 제품을 만든다.

넷플릭스도 비슷하다. 코로나 시기에 폭발적인 성장을 한 비결 중 하나로, '드림팀' 조직문화를 꼽는다. 드림팀은 개인의 역량이 탁월할 뿐 아니라, 협업 과정에서 더 큰 시너지를 낸다. 서로를 아끼면서도 기대치를 높게 두는 문화. 빠른 성과는 혼자 낼 수 있지만, 오래가는 성과는 팀이 만든다.

그렇다면 우리는 무엇을 바꿔야 할까.

우선 R&R(Role & Responsibility) 매핑부터 다시 짚어야 한다. 자료조사, 영업, 실행을 명확히 나누고, 각자에게 책임과 권한을 동시에 부여한다. "유능한 한 사람이 다 한다"는 환상에서 벗어나야 한다. 완벽한 정답이 없어도, '함께'라는 이유만으로 성과가 열리는 순간이 있다.

정답이 아니어도 작동한다: 위로가 성과를 여는 순간

아이 미술학원 상담에서 들은 말이 오래 마음에 남았다. 선생님은 아이들에게 협업 과제를 준다. 3~4명이 함께 작품을 만드는 과제다. 아이들은 종종 묻는다. "선생님, 그냥 혼자 그리면 안 돼요?" 그러면 선생님은 늘 같은 대답을 한다.

"혼자 할 수 있는 일은 거의 없단다. 그래서 같이 부딪히는 법을 배워야 해."

그 장면이 유독 와닿았던 건, 내가 비슷한 경험을 했기 때문이다. 코로나 시절, 재택근무가 길어지자 업무는 효율적으로 돌아갔다. 회의는 화상으로 진행되고, 강의도 온라인으로 대체됐다. 그러나 시간이 흐를수록 마음이 비어간다는 느낌이 들었다. 바쁘게 일하는데도 허전하고, 마치 기계처럼 모니터만 바라보는 나 자신을 발견했다.

어느 날은 외로움이 크게 밀려왔다. "이게 일을 하는 건지, 그냥 살기 위해 애를 쓰는 건지…" 하는 생각까지 들었다. 나만 그런 게 아니었다. 팀원들 중에서도 같은 고백을 하는 이가 있었고, 입사한 지 얼마 안 된 후배는 "재택이 너무 힘들다"며 회사를 그만두기도 했다.

그러던 어느 날, 새로운 매뉴얼과 강의안을 함께 만들자고 손을 내민 동료들이 있었다. 우리는 낯선 플랫폼을 배우며 실수하고, 시행착오를 겪었다. 그런데 신기하게도, 정답을 몰라도 함께하니 움직일 수 있었다. 그 경험은 지금도 나를 지탱하는 힘이 되었다.

심리학 연구에서도 같은 말을 한다. 구글의 '프로젝트 아리스토텔레스' 연구에 따르면, 팀의 성공을 가르는 가장 중요한 요소는 구성원의 전문성이 아니라 **심리적 안전감**이었다. 비난이나 보복에 대한 두려움 없이 의견을 내고, 실수할 수 있다고 믿는 분위기와 같은 안전감이 있을 때, 구성원들은 자유롭게 제안하고, 실패를 학습으로 바꾸며, 결국 더 큰 성과를 만들어낸다.

작게라도 시작해 보자. 타 부서와 정기적으로 교류하는 시간을 만들고, 서로의 일을 설명하며 공동 문제를 정의한다. 리더는 말뿐 아니라 실제 보상과 사후 대응으로 실패 용인 문화를 증명해야 한다. 구성원은 "혼자가 편하다"는 습관을 내려놓고, 내가 먼저 아는 것을 공유해야 한다. 그리고 우리 스스로에게 물어보자.

1. 나는 우리 팀에서 누군가의 위로가 되는 사람인가?
2. 우리 조직의 경영진은 진짜 한 팀으로 움직이고 있는가?
3. 우리는 정답이 아니라도 움직이고, 움직이며 학습하는 조직인가?

이 질문에 '예'가 많아질수록, 조직은 더 똑똑해진다. 그리고 여기서 한 걸음 더 나아가야 한다. 위로와 안전감이 사람을 버티게 만든다면, 그 다음에는 새로운 도전을 시작할 수 있는 용기가 필요하다. 협업은 단지 안심을 주는 울타리에서 멈추지 않고, 우리를 앞으로 나아가게 하는 발판이 된다.

빌려 쓰는 용기

올해 들어 가장 잘한 일이 있다면, '시도(SeeDo)'라는 이름의 모임을 운영하기 시작한 것이다. 이름처럼, 새로운 것을 시도하기 위해 모인 곳이다. 분야와 경력이 다른 강사들이 한 달에 한 번 모여 아이디어를 나누고, 프로그램을 함께 개발한다.

처음엔 무척 낯설었다. 생각의 차이에서 갈등도 생겼다. 하지만 서로를 이해하고 조율하며 1년을 이어오자, 혼자라면 미뤘을 프로젝트들이 하나둘 현실이 되었다.

솔직히 고백하면, 나 혼자였다면 시작조차 못 했을지 모른다.

"같이 하자"고 등을 밀어준 동료들이 있었기에 용기를 낼 수 있었다. 그 경험은 내게 중요한 깨달음을 줬다. 협업의 핵심적인 의미는, '용기를 빌려 쓰는 장치'였다.

심리학자 앨버트 반두라는 이를 집단 효능감이라고 설명했다. 개인의 "나는 할 수 있다."를 넘어, 팀의 "우리는 할 수 있다!"라는 믿음. 집단 효능감이 높은 팀은 더 도전적인 목표를 잡고, 실패 앞에서도 쉽게 주저앉지 않는다. 혼자라면 짓눌릴 부담도, 함께라면 나누어지고 에너지는 합쳐진다.

그래서 조직은 시작의 심리적 장벽을 낮추는 장치를 설계해야 한다. 이를테면 프로젝트마다 '페어 스타트(Pair Start)'를 기본으로 두는 것이다. 주 리더와 파트너 리더가 짝을 이루어 초기 방향을 함께 잡고 출발한다면, 혼자서는 부담스러운 첫걸음을 조금 더 가볍게 내디딜 수 있다. 멘토링 역시 거창할 필요는 없다. 단지 작은 아이디어 하나를 갖고 30분쯤 대화를 나누는 것만으로도 충분하다. 중요한 것은 서로가 "함께 시작했다"는 경험을 공유하는 데 있다.

물론 새로운 사람을 만나는 일에는 언제나 불안이 따른다. 게다가 협업을 진행한다는 것은 시작부터 스트레스가 될 요인이 많다. 성향이 맞지 않을까 걱정되기도 하고, 괜히 책임만 늘어날까 두렵기도 하다. 그런 불안은 대부분 모호함에서 생겨난다. 오히려 역할과 마감, 결과물을 명확히 합의하면 긴장은 줄고, 마음은 한결 편안해진다. 결국 불안을 키우는 건 모호함이고, 용기를 자라게 하는 건 명확함이다.

이 시점에 우리는 스스로에게 이런 질문을 던져볼 수 있다.

요즘 내가 혼자라서 미루고 있는 일은 무엇일까?
지금 이 순간, 도움을 청할 수 있는 사람의 이름을 떠올릴 수 있는가?
또 누군가 내게 "같이 하자"고 손 내밀 때, 나는 기꺼이 용기를 빌려줄 준비가 되어 있는가?

두 번째. 협업을 무너뜨리는 것들, 협업을 되살리는 것들

협업 킬러 NO.7

강의를 다니다 보면, "왜 우리 조직은 협업이 안 될까?"라는 질문을 수도 없이 듣는다. 답은 조직마다 조금씩 다르지만, 비슷한 핵심으로 모인다. '바빠서 못 한다', '내 일이 아니다', 'KPI가 다르다' 등, 갖가지 이유로 책임을 피하고, 서로를 믿지 못한다. 사일로에 갇혀 정보를 쥐고, 결국 말하지 않는다.

조목조목 들여다보면 결국 일곱 가지 패턴으로 모인다.

개인주의(무관심), 책임 회피, 불신, 실적 경쟁, 부서 이기주의, 침묵, 공유 부족. 협업을 죽이는 일곱 가지다.

이 일곱 가지는 늘 한 덩어리로 움직인다. '내 것만 잘하면 돼'라고 생각하는 순간, 관심은 자신의 칸막이 안으로 접힌다. 관심이 칸막이 안으로 접히면 정보는 흐르지 않고, 곧 서로가 의심스럽다.

개인주의는 '전체 일엔 관심이 없어요'로 시작한다. 조직의 목표와 가치가 자신의 일로 번역되지 않을 때, 참여는 빠르게 '의무 수행'으로 축소된다.

책임 회피는 '누군가 하겠지'라는 기대로 나타난다. '무임승차'라는 말은 농담처럼 오가지만, 남은 사람들의 피로는 진짜다.

불신은 '해봤자 소용없다'라는 체념을 낳는다. 시도는 줄고, 침묵은 늘고, 조직이 보수적으로 굳는다.

실적 경쟁은 보상 체계가 개인 성과만 자극할 때 생긴다. 정보는 권력이 되고, 협업은 손해처럼 느껴진다.

'사일로(부서 간 소통 단절)'는 한 부서의 이익 추구가 조직 전체의 손해로 이어지는 순간 드러난다.

침묵은 "괜히 나섰다가 내가 책임을 떠안으면 어떡하지?"라는 두려움에서 온다. 심리적으로 친밀하지 않은 관계, 의견을 냈다가 비난받을 수 있다는 두려움이 겹칠 때 사람들은 말을 멈춘다.

공유 부족은 목표·역할·성과 기준이 애매할 때 시작된다. '왜 이 일을 하는가'라는 본질적 목표가 합의되지 않은 협업은 오래가지 못한다.

공유가 막히는 장벽들도 비슷한 이유로 발생한다. 직접 만들지 않은 아이디어를 낮게 보는 NIH(Not-Invented-Here), 단독 실적을 위해 정보를 움켜쥐는 독점, 흩어진 시스템과 떨어진 자리에서 생기는 '검색 장벽', 전달받아도 이해와 적용이 어려운 '이전 장벽'이 협업을 위해 꼭 필요한 공유를 막는다.

결국 협업은 문화-프로세스-태도가 동시에 갖춰졌을 때만 작동한다. 셋 중 하나가 부족하거나 어느 하나만 뛰어나다면 굴러가지 않는다.

그래서 나는 우리 조직의 '협업 킬러 리스트'를 스스로 작성해 보자고 제안한다. 공표가 목적이 아니다. 지우는 과정이 중요하다. 무엇이 우리를 멈추게 하는지, 시스템인지, 프로세스인지, 리더십인지, 아니면 마음의 습관인지 파악하다 보면, 해답은 가까이에 있었음을 알 수 있다.

마지막에 남는 질문은 늘 같다. 우리는 협업을 '안 하는' 걸까, '못 하는' 걸까? 답으로 향하는 출발점은 명확하다. 협업의 킬러를 정확히 보는 것으로부터 진정한 의미의 되살리기가 시작된다.

사일로 & 개인주의, 두 개의 얼음벽

전사 교육팀에 있을 때, 다른 팀과 함께 일할 일이 많았다. 지원 조직이라는 이유로 "당연히 같이 해야지" 할 땐 순조로웠다. 그런데 상대 팀이 바빠지면 서포트는 순식간에 축소됐다.

협업을 시작하자마자 가장 먼저 테이블 위에 올라오는 질문은 대개 비슷하다. "성과는 어떻게 측정합니까? 인센티브는요? 우리 팀 공은 인정받나요?"

반대로 우리가 도움을 청했을 때 돌아오는 대답도 비슷하다. "지금 바빠요.", "그건 우리도 할 수 있어요.", "그 자료는 대외비예요.", "그걸 해서 뭐가 좋죠?"

PM이 공정하고 유능하면 균형이 유지되지만, 그렇지 않으면 사일로가 금세 얼음벽처럼 단단해진다.

한 번은 프로그램을 공동 개발하는 프로젝트에서 상대 부서장이 내게 전화를 걸어 불쑥 화를 냈다. 이유를 묻자 대답은 모호했고, 통화는 서로 감정만 상한 채 찜찜하게 끝났다. 나중에 알았다. 그 팀장이 상부에 업무량을 보고하며 협업 범위를 조정하려다 내부에서 오해가 생겼고, 그 불편이 실무자인 나에게로 흘러온 것이다.

리더가 일을 이해하지 못하고, 목표에 대한 인지가 없는 상태에서 협업을 시작하면 이런 일이 벌어진다. 사일로는 때때로 특정 부서를 최적화할 수는 있지만, 결코 일 전체를 최적화하지는 못한다. 소통과 공유를 막는 얼음벽은 그렇게 자란다.

이 벽을 녹이려면 추상적인 구호보다는 명확한 시작이 먼저다. 내가 한 기업과 20회 차에 걸쳐 워크숍을 하며 뽑아낸 '작동하는 출발선'은 이렇다.

1. **무엇을 하는지**: 과업·범위·완료 정의(Definition of Done)를 한 문단으로 합의한다.

2. **왜 하는지**: 전략·가치·연결 KPI를 스토리로 설명한다. 논리가 아니라 의미로 설득한다.

3. **누가 하는지**: R&R을 역할 카드를 만들어 눈에 보이게 붙인다. 권한과 책임을 세트로 준다.

4. **어떻게 인정할지**: 공동 성과가 개인 평가에 반영되는 원칙을 선명히 공표한다.

5. **누가 심판하는지**: 이해관계에서 상대적으로 자유로운 보안관

(Arbiter) 역할을 둔다.

6. **어떻게 만나는지**: 정기 교류—업무 미팅만이 아니라 세미나·런치·커피 타임 같은 가벼운 접점을 정례화한다.

7. **누가 결정하는지**: 실무자에게 충분한 재량권을 부여하고, 결재선은 짧게 설계한다.

결국 중요한 건 시작의 질이다. 목표·역할·성과관리·인센티브가 같은 언어로 공유될 때, 더 이상 '우리랑 너희의 싸움'이 아니라 같은 배를 탄 한 팀이 된다.

신뢰·공유·다양성 — 협업을 살리는 세 가지 축

몇 해 전, 한 프로젝트 수업에서 '윈윈 게임'을 진행한 적이 있다. 각 조는 하나의 부서가 되고, 제한된 자원으로 미션을 수행한다. 핵심은 간단하다. 다른 조와 협상하면 모두가 이길 수 있다.

그런데 시작과 동시에 대부분의 조가 '우리 조가 이기자'로 전환한다. 간을 보고, 숨기고, 기싸움을 한다. 그러다가 눈치 빠른 몇몇이 '함께 이기는 길'을 제안한다. 하지만 막판이 되면 '배신당하면 어떡하지?' 하며 다시 긴장감이 돈다.

어떤 조는 보누의 인센티브를 날리는 선택을 하고, 어떤 조는 상대에게 결과를 넘겨버린다. 또 어떤 조는 끝내 합의를 이뤄 같이 이긴다. 이 게임의 목적은 한 가지다. "우리는 언제 진심으로 같은 팀이라고 믿는가?"

신뢰는 말보다 빠르지 않다. 한 번 무너진 신뢰는 관계를 오랫동

안 흔들리게 한다. 자만과 이기심, 비협조는 신뢰를 파괴한다. 반대로 신뢰는 불필요한 통제와 감시를 줄이고, 사람들을 협업에 어울리는 행동을 하도록 이끈다. 서로 신뢰하는 팀은 의무를 따로 규정하지 않아도 팀을 위해 자발적으로 움직인다.

신뢰의 바탕에는 심리적 안전감이 있다. 비난이나 불이익의 두려움 없이 질문해도 괜찮고, 자유롭게 의견을 말할 수 있고, 실수를 인정할 수 있다고 믿는 분위기가 '안전하다'라는 느낌을 준다. 안전감이 있어야 피드백이 솔직해지고, 갈등은 숨기지 않고 다루는 것이 된다.

여기에 공유가 붙는다. 공유는 때때로 손해처럼 느껴진다. '함부로 공유했다가 빼앗기는 건 아닐까?'라고 생각할 수도 있다. 그러나 협업에서 공유는 '기름'이다. 정보가 흐르지 않으면 엔진은 멈춘다. 목표·역할·진척·막힘을 투명하게 드러내야만 팀이 같은 지도 위에서 움직인다.

마지막 축은 다양성이다. 다양한 전공과 관점, 성향이 섞일 때, 팀은 더 똑똑해진다. 중요한 건 '다름을 존중하는 기술'이다. 실수는 비난보다 학습으로 받아들인다. 실패를 용인하는 문화는 방치가 아니라, 다음 시도를 위한 안전벨트다.

팀 설계: 강점·전문성·경험이 다르게 배치된 스쿼드를 만든다.

목표 설계: 경쟁이 아니라 공동 KPI로 묶는다.

툴 설계: 정보를 묻지 않아도 흐르도록 협업 툴과 데이터 뷰를 통합한다.

리더십 설계: '한 팀'이라는 사실을 구성원 전체가 잊지 않도록 자주 이야기하고, 투명한 평가지표로 이를 증명한다.

문화 설계: 수평적 피드백, 공개 회고, 작게·자주 시도하는 리듬을 고정한다.

나는 정보를 쥐고 있는가, 흘려보내는가? 나는 다름을 환영하는가? 나는 '한 팀'을 말로만 믿는가, 행동으로 증명하는가?

협업은 거창한 프로젝트명으로 시작되지 않는다. 솔직하게 말해도 안전하다는 확신, 공유가 손해가 아니라는 믿음, 함께 이길 수 있다는 경험. 그 세 가지가 생기는 순간, 비로소 같은 방향으로 움직인다.

세 번째. 갈등을 디자인하라

갈등 없는 협업은 허상

협업에는 갈등이 따라온다. 갈등이 보이지 않는 조직이 더 위험하다. 의견이 있는데 말하지 않고 있는 것일 수 있기 때문이다. 현상 유지에 머무르는 팀은 변화를 이야기하지 않고 점점 뒤처진다.

브루스 터크만의 팀 발달 모델은 이 흐름을 잘 설명한다. 형성기에는 서로를 알아가고 목표와 역할을 파악하느라 조심스럽다. 격동기에 접어들면 의견 충돌과 역할 불만이 드러나고 때로 리더십에 도전한다. 갈등은 이 단계의 자연스러운 일부다. 규범기가 되면 협력하는 방식을 찾으며 신뢰가 쌓인다. 수행기에는 팀이 최고의 성과를 낸다. 문제를 자율적으로 해결하고 시너지가 만들어진다. 마지막 해체기에는 목표 달성의 만족감과 해체에 대한 상실감이 교차한다.

이 과정에서 갈등은 예외가 아니라 통로다. 문제는 갈등의 존재가 아니라, 그것을 다루는 방식이다.

건강한 갈등은 문제를 여러 각도에서 검토하게 하여 더 나은 해법을 찾게 한다. '네가 틀렸다'가 아니라 '우리가 이 문제를 어떻게 풀까'로 초점을 옮길 때, 감정 싸움은 건강한 토론으로 바뀐다. 갈등의 뿌리를 찾는 것이 첫걸음이다. 역할이 불분명한가? 자원이 부족한가?

갈등을 드러내고 건강하게 해결하기 위해서는 심리적 안전감이 필요하다. 불이익에 대한 두려움 없이 질문하고, 다른 의견을 낼 수 있다는 믿음이 있을 때 갈등은 성장의 연료가 된다.

갈등을 해결하는 목표는 한쪽이 이기고 다른 한쪽이 지는 게 아니다. 모두에게 이로운 해결책을 찾는 것이다. 갈등 당사자들이 모여 비난 없이 아이디어를 나누는 브레인스토밍을 해보자. 객관적이고 중립적인 중재자가 공정하게 균형을 잡는다.

갈등을 피하기보다는 정기적으로 드러내는 시간을 갖자. 회의는 결과만 공유하는 자리가 아니라, 다른 생각을 안전하게 제시하는 자리여야 한다.

현장에서 효과가 좋았던 연습이 있다. 'Conflict Card 워크숍'이다. 실제 일어날 법한 상황 카드를 꺼내 함께 해결하는 방식이다.

프로젝트 관리: "팀원 한 명이 약속된 기한을 계속 어겨 프로젝트 전체에 지연이 발생하고 있습니다."

자원 배분: "우리 팀은 중요한 프로젝트를 진행 중이지만, 필요한 예산과 인력 지원을 받지 못하고 있습니다."

의사결정: "프로젝트의 방향성을 두고 팀원들의 의견이 첨예하게

대립하고 있습니다."

소통 문제: "동료가 업무 관련 피드백을 들을 때마다 지나치게 방어적으로 반응합니다."

책임감 부족: "한 팀원이 자기 몫의 일을 다른 팀원에게 미루는 것 같습니다."

업무 스타일 차이: "나는 꼼꼼하게 계획을 세우는 스타일인데, 동료는 일단 시작하고 보는 스타일이라 답답합니다."

리더십 관련 피드백 전달: "상사에게 솔직한 피드백을 전달해야 하는데, 관계가 나빠질까 두렵습니다."

권한 부여: "리더가 지나치게 세세한 부분까지 간섭하여 팀원들이 자율성을 느끼지 못합니다."

이런 상황을 놓고 다음을 묻는다. 이 상황에서 나는 어떤 감정인가? 상대는 왜 그렇게 행동했을까? 지금 필요한 건 무엇인가? 모두에게 이로운 대안은 무엇인가? 어떻게 마무리할 것인가?

갈등을 '사건'으로 두지 말고 '근육'으로 키워야 한다. 건설적인 갈등을 통해 도출된 결정은 다수결로 정한 것보다 팀의 몰입과 책임감을 높인다.

불편내성: 견딜수록 해법의 범위가 넓어진다

우리는 혼자 해결할 수 없는 일을 만났을 때 협업을 시작한다. 첫 미팅에서 이런 신호가 온다. '내가 왜 여기 있어야 하지?', '난 바쁘다. 건드리지 마라.', '내 할 것만 하고 빨리 빠지겠다.'

협업은 다양성과 상호의존성을 전제로 한다. 그래서 의견 충돌, 역할 갈등, 의사결정 속도 차이 같은 불편함이 필연적으로 발생한다. 하지만 해법의 스펙트럼은 불편을 견딜 때 넓어진다. 의견 충돌, 속도 차이, 일하는 방식의 다름을 통과하면, 혼자서는 못 보던 선택지가 보인다.

불편함을 수용으로 바꾸는 방법은 이렇다. 먼저 의식화부터 시작한다. 불편함은 자연스러운 과정이다. 변화와 성장, 학습의 신호라고 재해석해야 한다. 심리적 안전감도 필요하다. 구성원들이 의견을 내도 공격받지 않는 환경을 조성한다.

이제 호기심 기반으로 접근해보자. '왜 저렇게 말할까'라는 호기심으로 접근하면 거부감이 탐구심으로 바뀐다. 그리고 건설적 갈등을 연습한다. 예를 들면 회의에서 갈등을 일부러 드러내고 합의점을 찾는 훈련을 하는 것이다. 마지막으로 공동 목표를 재확인한다. '우리는 왜 함께 하는가'라는 공동 목표를 반복적으로 확인하면 개인 감정보다 협업 성과에 초점을 맞출 수 있다.

기업 워크숍에서 내가 가장 자주 쓰는 방법은 '타임박스 논쟁'이다. 갈등이 생기면 논쟁 시간을 정한다. 10분만 논의하고, 반드시 정리로 끝낸다. 결정하거나, 보류하거나, 실험하거나.

회의에서 건설적 갈등을 만들고 그 속에서 합의점을 찾는 방법도 있다. 먼저 갈등을 드러낸다. "이 안건에 대해 찬성/반대 이유를 각자 한 가지씩 말해주세요." 이어서 심리적 안전을 확보한다. 발언 규칙을 제시한다. 비난 금지, 의견 존중, 시간 제한. 그리고 차근차근

입장을 정리한다. 자신의 입장을 밝히되 반드시 '왜'를 제시한다. "나는 A가 좋다. 왜냐하면…" 이제 합의를 도출한다. 공통 기반을 찾는다. 마지막에는 실험적 해법을 도출한다. "2주간 A안을 적용해 보고 효과를 검토해 보자."

'Yes, And'와 상위대안 찾기

일을 하다 보면 누군가에게 '당연한' 일이 어떤 이에게는 당연하지 않을 때가 많다.

"당연히 일이 진척 정도를 말해줘야 하는 거 아냐?", "5시까지 제출하기로 했으면 당연히 그때까지 줘야지!"

협업을 하면서 이런 생각을 한 번씩은 해보았을 것이다. 그러나 개인의 경험, 가치관, 조직 문화에 따라 '당연함'에 대한 기준은 다를 수밖에 없다.

소통과 협업이 어려운 이유는 견시관(見視觀) 차이 때문이다. 이 차이를 '다르다'라고 생각하면 되는데 '틀렸어'라고 하기에 문제가 된다.

어떤 부서는 고객만족을 우선하고, 어떤 부서는 품질을 우선한다. 중요한 것은 '틀렸다'라고 단정하지 않고, 서로 '다르다'는 사실을 인정하는 일이다. 하지만 우리는 모두 같은 목적지로 향하고 있다. 먼저 가져야 할 인식은 '나에게 당연한 것이 남에게 당연하지 않을 수 있다'는 사실이다.

협업 과정에서 관점 차이가 생기면, 성급히 합의하려 하기보다 먼저 무엇이 어떻게 다른지 명확히 드러내야 한다. 예를 들어 "A팀은 속도를, B팀은 품질을 중시하고 있군요."라고 차이를 확인한다. 그다음에는 각 관점이 나름의 타당성을 지니고 있음을 인정한다. 이렇게 서로의 관점을 존중하고 나면, 자연스럽게 공통 분모를 찾는 단계로 넘어갈 수 있다.

이후에는 이분법적 선택을 강요하는 대신, 양쪽을 아우르는 상위 대안을 만들어낼 수 있다. 속도와 품질의 대비를 '신뢰받는 고객 경험'으로 통합하거나, 개인 성과와 팀워크의 충돌을 '지속 가능한 성과'라는 목표로 묶는 방식이다.

이 과정을 자연스럽게 돕는 방법이 바로 'Yes, And'다. 상대의 의견을 부정하거나 차단하는 대신, 그 관점을 인정하고 그 위에 자신의 생각을 덧붙이는 방식이다. "No, 그건 틀렸어요."라고 말하던 대화를 "Yes, 그 관점도 있네요. And 저는 여기에 이런 요소를 더해보면 좋을 것 같아요."로 바꾸는 것만으로도, 회의의 공기가 크게 달라진다.

조직 차원에서도 실천할 게 있다. 영업팀이 개발팀의 입장에서, 개발팀이 영업팀의 입장에서 말해보는 것만으로도 이해의 폭이 달라진다. 그리고 최종 목표 달성이 조직 전체와 개인에게 주게 될 가치를 지속적으로 상기시키는 것도 중요하다.

더 직접적인 방법도 있다. 짧은 시간이라도 다른 팀의 업무를 관찰하거나 함께 일해보는 것이다. '왜 저렇게 말하는지'를 몸으로 이해할 때, 다름을 정확하게 인정할 수 있다.

네 번째. 말할 수 있는 팀이 이긴다

왜 구글은 '심리적 안전감'을 1순위로 꼽았을까

2012년, 구글은 수백 개의 팀을 분석했다. 무엇이 팀 성과를 결정하는지 알고 싶어서였다. 처음에는 많은 사람이 이렇게 예상했다. '똑똑한 사람들끼리 모이면 잘 되겠지.' 하지만 결과는 달랐다. 팀의 성공을 결정짓는 비밀은 '누가'가 아니라 '어떻게'였다.

구글은 다섯 가지 공통 요인을 찾았다. 신뢰성, 구조와 명확성, 일의 의미, 일의 영향력, 그리고 이 모든 요소를 떠받치는 가장 중요한 토대가 바로 '심리적 안전감'이었다. 심리적 안전감이 낮으면 나머지 요소는 제대로 작동하지 않았다. 팀원들이 비난받지 않고 말할 수 있어야 신뢰가 생기고, 명확성이 높아지고, 일이 의미와 영향력도 살아난다는 뜻이다.

'심리적 안전감'에 대해 구글이 내린 정의는 간단했다. "팀원들이 서로 안전하다고 느끼는 것, 그래서 실수나 아이디어를 자유롭게 말할 수 있는 상태."

이 문화는 '좋은 분위기' 정도의 이야기가 아니다. 실패를 숨기지 않고 공유함으로써 학습 속도를 높이고, 의견이 충돌조차 새로운 혁신으로 이어지게 하는 힘이다.

짐 콜린스의 《좋은 기업을 넘어 위대한 기업으로》에서도 같은 결론이 등장한다. 위대한 조직은 세 가지 특징이 있다. 구성원이 스스로 일하고, 서로 협력하며, 문제가 생기면 빨리 드러내고 해결하려는 태도를 가진다는 것이다. 모두 심리적 안전감이 깔려 있어야 가능한 일들이다.

그렇다면 우리 조직은 어떨까. 실패나 실수를 보고하지 않고, 솔직한 대화가 부족하며, 회의에서는 침묵이 길다거나 협력보다는 각자 버티는 모습이 익숙하다면 그것은 능력 문제가 아니라 심리적 안전감의 부족하다는 신호다.

안전감이 높은 팀에서는 이런 풍경이 자연스럽다. 누군가는 "이건 잘못된 방향 같아요."라고 말하고, 다른 누군가는 "좋은 지적이네요. 그럼 이렇게 바꿔볼까요?"라고 잇는다. 리더는 "좋아, 실패해도 괜찮아. 대신 배운 걸 공유하자."라고 말한다.

하지만 현실은 어떠한가. 많은 조직이 여전히 실패를 숨기고, 책임을 피하고, 누가 잘못했는지 찾는 데 시간을 쓴다. 우리 사회의 조직문화는 여전히 '책임자 찾기' 중심이다. 그래서 문제는 사라지지 않는다. 사람만 사라질 뿐이다.

이제는 달라져야 한다. 문화의 변화는 리더의 행동에서 시작된다. 리더가 먼저 자신의 실수를 드러내고, 그 안에서 배운 점을 공유해야 한다.

"그때 판단이 틀렸어. 덕분에 우리가 데이터 기반으로 가야 한다는 걸 배웠지.", "이 부분은 내가 잘 몰라. 너희 의견이 필요해."

심리적 안전감은 '좋은 리더십'의 산물이 아니라, 용기 있는 말 한 마디가 쌓여 만들어지는 결과물이다.

실패 오픈, 학습으로 이어지는 힘

엔비디아의 CEO 젠슨 황은 "우리는 언제든 30일 뒤 문을 닫을 수 있다고 생각하며 일한다."라고 말한다. 실패가 늘 가까이에 있다고 생각하기 때문에, 그는 계속 시도한다. 실패를 피하면 새로운 것을 배울 기회도 함께 사라진다.

VUCA시대(변동성(Volatility), 불확실성(Uncertainty), 복잡성(Complexity), 모호성(Ambiguity) 이 일상화된 현대 사회의 특징을 설명하는 용어)에는 변화가 너무 빠르다. 과거의 성공 공식은 더 이상 통하지 않는다. 도전과 실패를 반복해야만 학습과 혁신이 가능하다.

KAIST의 '실패연구소'가 대표적이다. 2016년 설립된 이 연구소는 연구 실패를 두려워하지 말자고 선언했다. 지금은 AI 시대의 '기괴한 이미지 생성 실패'까지 전시하며 실패 자체를 연구 대상에 올린다. 실패를 공개적으로 탐구하는 문화가 학습 속도를 높인다.

픽사는 미완성된 영화를 모아놓고 '브레인 트러스트' 회의를 연다. 감독, 작가, 애니메이터가 함께 작품의 문제점을 가차 없이 지적하지만 규칙이 있다. "문제가 있는 건 작품이지, 사람이 아니다." 이 한 줄 덕분에 누구도 위축되지 않는다. 비판이 개인을 공격하지 않고 작품의 완성도를 높이는 피드백으로 기능한다.

3M도 실패를 처벌하지 않는다. 대신 실패에서 얻은 교훈을 문서화해 전사적으로 나눈다. 강한 접착제를 만들다가 실패해서 얻은 약한 접착제는 '포스트잇'을 탄생시켰다. 3M은 이것을 "실패의 재발견"이라고 불렀다.

국내에서도 움직임이 있다. 현대자동차 연구소는 '버겁 데이(버겁지만, 다음엔 더 잘하자)'라는 이름으로 실패를 공유하고 재도전한다. 핀테크 기업 토스는 아예 '실패 파티'를 열어 실패를 축하한다. 8번의 좌절을 거쳐 9번째에 성공한 대표가 말한다. "실패는 끝이 아니라 다음 시도의 재료다."

그렇다면 우리 팀은 어떨까. 실패를 공유하면 비난부터 나오는가, 학습이 먼저인가?

작게 시작할 수 있다. 'KPT 회고'를 활용하는 것이다.

Keep – 잘한 점을 언급하고 유지한다. "우리의 오전 스크럼은 집중력을 높였어." 잘된 점을 인식하면 자신감이 자란다.

Problem – 비난 없이 문제를 드러낸다. "QA가 불규칙해서 마지막에 큰 버그가 생겼다." 사람보다 시스템에 초점을 맞춘다.

Try – 다음에 시도할 행동을 구체적으로 정한다. "모든 정보 공유는 한 문서로 통합한다. 담당은 김 매니저." 구체적 액션이 있어야 회고가 실천이 된다.

이때 중요한 것은 세 가지다. 비난 금지, 시간 엄수, 다음 회고에서 검증하기. 이 세 가지가 회고를 진짜 학습으로 만든다. 실패를 열어두는 팀은 문제를 빨리 발견하고, 빠르게 배운다. 이것이 혁신의 속도다.

조용한 사람까지 말하게 하라: 발언 균형

조용한 회의를 하는 조직은 겉보기엔 평화롭다. 하지만 사실은 두려움 때문에 입을 닫은 경우가 많다. 리멤버리서치의 2023년 조사에 따르면, 직장인 10명 중 4명은 '상급자 위주의 수직적 회의'를 불만족의 이유라고 답했다. 회의가 의미 있는 결과 없이 비효율적으로 끝나는 이유 중 하나는 말하는 사람이 늘 같다는 점이다. 워크숍 현장에서 가장 많이 듣는 말은 이렇다.

"내가 말하면 결국 내가 하게 돼요.", "괜히 아이디어 내면 일만 늘어요."

그 마음, 너무 잘 안다. 하지만 이런 침묵이 쌓이는 팀은 점점 '생각하지 않는 팀'이 된다. 울리(Woolley) 교수의 연구에 따르면, 팀의 집단 지능은 개인의 평균 IQ보다 발언의 균등성에 더 큰 영향을 받는다. 즉, 모두가 말할 때 팀은 더 똑똑해진다. 그렇다면 조용한 사람까지 말하게 하려면 어떻게 해야 할까?

질문을 바꾸는 방법이 있다. "이게 좋을까요, 저게 좋을까요?" 대신 "이 아이디어의 위험 요소는 뭘까요?", "우리가 놓친 대안은 없을까요?"라고 질문한다. 이런 질문은 생각을 넓히고, 리더 중심의 대화를 막는다.

그리고 라운드 로빈이라는 방법도 있다. 모두에게 1분씩 발언 기회를 준다. "의견이 없으시면 넘어갈게요." 대신 "잠깐 생각할 시간을 드릴게요."라는 말 한마디가 안전감을 만든다. 또는 타임 토커를 활용할 수 있다. 발언 시간을 시각화해 특정 인물이 독식하지 못하게 한다.

의도적으로 반대 역할을 맡기는 '악마의 변호인'을 지정할 수도 있다. 비판이 개인의 불만이 아니라 '팀을 위한 역할'이 되어 더 다양한 관점을 끌어낸다. 획기적인 방법도 있다. 아이디어와 실행자를 분리하는 것이다. 아이디어를 낸 사람은 직접 실행하지 않는다. 그래야 자유롭게 제안할 수 있다. 발언은 공로로 인정하고, 실행은 가장 적합한 자원에 배분한다.

이런 장치가 작동할 때, 회의의 공기가 바뀐다. 누군가는 여전히 조용하겠지만, 이제 그 침묵은 '두려움'이 아니라 '경청'이다.

조직의 똑똑함은 지식의 양이 아니라 대화의 질로 결정된다. 심리적 안전감이 없는 팀은 결국 말하지 않는다. 말하지 않으면 배우지 못하고, 배우지 못하면 변하지 못한다.

리더에게 묻고 싶다. 당신의 팀은 지금 무엇을 숨기고 있는가?

실패인가, 불안인가, 반대 의견인가?

다섯 번째. 성과는 사라져도 협업은 남는다

혁신 방정식 D×S×V

첫 팀장을 맡았을 때, 하루가 어떻게 흘러가는지도 모를 만큼 바빴다. 회의는 겹쳐 있었고, 결정해야 할 일은 끝이 없었다. 나처럼 젊은 팀장으로 함께 일하게 된 두 동료와는 자연스럽게 암묵적인 약속이 생겼다. "서로의 빈곳을 채우자."

한 명은 마음을 다독이며 방향을 잡는 데 강한 리더형이었고, 다른 한 명은 실행력이 뛰어난 실무형이었다. 우리는 서로의 강점과 부족함을 인정하며 역할을 나눴고, 점심시간에 고민을 나누거나 늦은 밤 전화로 사정을 털어놓으며 버텼다. 그때 깨달았다. 다른 강점이 모여야 진짜 시너지가 만들어지고, 그 뿌리는 실력보다 신뢰에 있었다.

혁신도 마찬가지다. 나는 혁신이 **다양성**(Diversity) × **심리적 안전감**(Safety) × **속도**(Velocity), 이 세 요소가 교차하는 지점에서 발생한다고 믿는다. 이 관계는 나열이 아니라 곱셈이다. 셋 중 하나라도 '0'이면 결과는 '0'이 된다.

먼저 다양성은 새로운 조합의 출발점이다. 성별·연령·배경 같은 인구통계적 다양성뿐 아니라, 경험·사고방식·전문성의 차이에서 나오는 인지적 다양성이 핵심이다. 다른 관점이 부딪히고 결합할 때 기존의 틀을 깨는 아이디어가 나온다. 레고 블록이 다양할수록 더 기발한 구조물이 완성되듯, 동일한 생각만 가득한 조직에서는 참신한 해결책이 태어나지 않는다.

그러나 다양성만으로는 부족하다. 심리적 안전감이 뒷받침되지 않으면 사람들은 다름을 숨기고 침묵한다. '틀리면 어쩌지' 하는 두려움은 잠재력을 봉인한다. 안전감이라는 '촉매'가 있어야 다양성의 잠재력이 실제 성과로 바뀐다.

마지막으로 속도가 더해져야 한다. 속도는 바쁘게만 움직이는 것을 뜻하지 않는다. **실행 → 피드백 → 학습**의 순환이 빠르게 이어질 때 혁신은 가속된다. 아무리 좋은 아이디어가 있어도 실행이 늦으면 기회는 사라진다. 작게 시작하고 빨리 시도하며 자주 배우는 조직만이 꾸준히 성장한다. 반대로 속도만 있고 다양성이 없으면, 같은 생각을 더 빠르게 반복할 뿐이다.

다양성이 아이디어를 만들고, 안전감이 그 아이디어를 말하게 하며, 속도가 학습을 현실로 만든다. 리더는 이 세 요소가 동시에 작동하도록 설계해야 한다.

'함께라서 해냈다'라는 공동 성취의 도파민

내가 진행하는 교육 프로젝트 중 하나는 팀이 협업으로 구조물을 설계하고, 실제로 얼마나 버티는지 실험하는 프로그램이다. 아이디어를 모으고, 견적을 짜고, 재료를 사서 프로토타입을 만든 뒤, 마지막엔 대표 한 명이 직접 실험을 수행한다.

흥미로운 점은 20년간의 데이터에서도 성공률이 30%에 불과하다는 사실이다. 박사도, 공무원도, 기업인도 실패한다. 이유는 간단하다. 계획은 완벽해도 '실행의 순간'은 늘 예측할 수 없기 때문이다. 한 시간 동안 머리를 맞대며 설계한 구조물의 성패가 3초 만에 결정되기도 한다.

성공하면 환호성이 터지고, 실패하면 잠깐 침묵이 흐른다. 그리고 곧 "설계가 잘못됐어.", "수행자가 제대로 안 한 것 같아."라는 말이 나온다. 이때 나는 다시 시도할 기회를 주지 않는다. 그 시간은 단순한 실패 경험이 아니라, '우리는 지금 이 순간을 어떻게 받아들이는가'를 배우는 시간이기 때문이다.

우리는 실패 앞에서 무엇을 하는가. 탓을 찾는가, 배움을 찾는가. 함께한 결과를 어떻게 해석하는가.

현실은 언제나 변한다. 예측할 수 없는 상황 속에서도 우리는 참여하고, 응원하고, 함께 염원한다. 그 과정이 바로 협업이다. 실패를 두려워하지 않고 서로를 인정할 때, 다음 도전을 이어갈 힘이 생긴다. 이것이 회복탄력성이다.

최근 예능 프로그램 〈유 퀴즈 온 더 블록〉에 출연한 2023년 올림픽 여자 양궁 단체전 선수들의 이야기가 인상 깊었다. 그들은 세계 최정상의 선수였지만 단체전을 준비하며 불안과 두려움을 느꼈다고 했다. 그때 맏언니 선수가 제안했다. "앞으로 '실수했어', '못했어' 같은 말은 하지 말자. 대신 '괜찮아', '할 수 있어', '잘하고 있어'라고 말하자." 그 이후 팀의 분위기가 완전히 바뀌었고, 결국 금메달을 목에 걸었다.

협업의 본질은 '함께 잘하는 법'을 배우는 과정이다. 개인의 능력보다 중요한 건 서로를 지지하며 분위기를 이끄는 긍정의 언어다. 말은 소리가 아니라 에너지다. 그 에너지가 감정을 움직이고, 감정이 행동을 바꾼다.

협업은 문화와 관계를 남긴다

프로젝트가 끝나면 성공한 팀도, 실패한 팀도 같은 에너지 속에서 웃는다. 그때마다 깨닫는다. 협업의 진짜 성과는 프로젝트가 끝난 뒤에 남는다.

많은 조직에서 협업은 단기 목표를 달성하기 위한 수단으로 여겨진다. 하지만 협업의 핵심 가치는 관계, 신뢰, 문화다. 숫자는 사라지지만, 함께한 경험은 남는다. 그 경험이 다음 협업의 속도를 높이고, 팀의 질을 끌어올린다.

나 역시 그런 순간을 여러 번 경험했다. '이 사람들과 함께라면 또 할 수 있겠다.' 그건 일이 잘 풀려서가 아니라, 함께하는 과정이 즐거웠기 때문이었다. 사람은 혼자 성공했을 때보다 함께 성공했을 때 더 큰 만족을 느낀다. '혼자서는 못했을 일'이라는 감정이 팀 전체에 집단 효능감을 심는다. 그 믿음이 다음 도전을 가능하게 만든다.

조직에서 이 가치를 지속하려면 공동 축하와 회고가 필요하다. 프로젝트가 끝나면 작은 간식 자리든 팀 시상식이든 함께 축하하는 자리를 마련한다. 그리고 프로젝트를 돌아보며 묻는다. "이번 협업에서 우리는 무엇을 배웠는가?", "누가 신뢰를 만들었고, 누가 도움을 주었는가?" 이 대화가 감사와 배움을 기록으로 남기고, 다음 협업의 속도를 높인다.

협업의 진정한 성과는 단기 결과가 아니라 잔여가치다. 협업은 분업의 합이 아니라 사람과 조직이 성장토론이란 어쩌면 간단하다. 하는 경험이다. 협업의 즐거움은 동기부여와 자신감을 낳고, 잔여가치는 관계와 신뢰, 문화를 남긴다. 이 기쁨은 감정적 보상이 아니라 다음 혁신을 설계하는 지속 가능한 동력이다. 리더라면 팀이 이 즐거움을 자주, 그리고 깊이 느낄 수 있도록 환경을 만들어야 한다.

함께 생각하는 인간으로 살아가기

조직의 가장 큰 자원은 사람이다. 개인의 역량에는 한계가 있지만, 서로의 경험과 생각이 모이면 전체의 힘이 된다. 공통 목표를 향해 협력할 때 개인의 합을 넘어서는 시너지가 발생한다. 회의실에서 아이디어를 나누고, 작은 성공을 함께 축하하고, 어려움을 함께 견디는 순간들 속에서 신뢰와 문화가 만들어진다.

AI가 아무리 똑똑해져도 인간만이 할 수 있는 일이 있다. 서로의 눈을 보며 공감하는 것, 말하지 않은 불안을 읽어내는 것, 실패 앞에서 "괜찮아"라고 손을 잡아주는 것, 그리고 함께 웃고, 함께 배우고, 함께 다시 일어서는 것.

이 책을 쓰며 나는 직접 경험했던 협업의 순간들을 수없이 돌아봤다. 때로는 좌절했고, 때로는 감동했고, 때로는 배웠다. 그 모든 순간이 지금의 나를 이루었다. 그리고 모든 순간마다 곁에는 '함께하는' 사람들이 있었다.

당신의 조직은 지금 어디쯤 와 있는가.
혼자 빠르게 가고 있는가, 함께 멀리 가고 있는가.
팀원들은 말하고 있는가, 침묵하고 있는가.
실패를 숨기고 있는가, 학습하고 있는가.

답은 멀리 있지 않다. 내일 회의에서 딱 한 가지만 바꿔보자. "이 아이디어 어때?" 대신 "우리가 놓친 대안은 없을까?"라고 물어보자. 누군가 실패했을 때는 "왜 그랬어?"가 아니라 "거기서 뭘 배웠어?"라고 물어보자. 조용한 팀원에게는 "의견 없어요?"가 아니라 "잠깐 생각할 시간을 드릴게요."라고 말해보자.

이 작은 변화가 팀의 공기를 바꾼다. 한 사람의 용기 있는 질문이 또 다른 사람의 용기를 만든다. 한 번의 솔직한 회고가 다음 프로젝트의 속도를 높인다.

협업은 기술이 아니라 태도다. 혼자보다 함께를 선택하는 용기,

틀림보다 다름을 인정하는 성숙함, 성과보다 과정을 소중히 여기는 지혜다.

성과는 사라질 수 있지만, 협업은 남는다. 그리고 그 협업이 다음 성과를 만든다. 함께 생각하는 인간, 그것이 AI를 넘어서는 우리의 힘이다. 그리고 그 힘은 '나'가 아니라 '우리'에서 시작된다는 것을, 우리 모두는 이미 알고 있다.

6장

토론 Discussion
차이를 알고 차이를 넘어서는 합의의 기술

임지연 대표에게 회의는 결정을 내리는 장소가 아니다. '생각이 진화하는 실험실'에 더 가깝다. 10년 넘게 기업과 공공기관에서 회의·소통·리더십 교육을 진행하며, 말하지 않는 회의 뒤에 숨은 조직의 심리와 구조적 침묵을 탐구해왔다.

그녀가 늘 마주하는 장면이 있다. 서로 다른 생각이 부딪히는 순간, 회의실의 공기는 차갑게 식고 누군가는 눈을 피하고, 누군가는 메모에 시선을 떨어뜨린다. 그럴 때 필요한 것은 더 많은 말이 아니라, 다시 말하게 만드는 질문이다.

바로 그 질문을 설계하는 것이 임지연 대표의 일이다. 사람들이 스스로 사고하고, 서로의 생각을 엮어내는 과정 속에서 차이를 넘는 합의가 만들어진다고 믿기 때문이다. 그녀의 회의 교육이 단순한 결정의 기술이 아니라, 함께 생각하고 조율하는 사고의 훈련이 될 수밖에 없는 이유다.

차이를 드러내고 합의를 설계하는 회의야말로 집단지성을 현실로 만드는 가장 인간적인 대화의 기술이라는 그녀의 철학처럼, 이 책을 통해 토론의 목적이 승리가 아닌 연결이 되길 바란다.

임지연 지음
기업교육컨설팅 브릿지톡컴퍼니 대표

E-mail. imgang33@hanmail.net
Blog. blog.naver.com/chcicoke
Instagram. chcicoke

첫 번째. 말하지 않는 회의실

침묵은 합의가 아니다

'회의' 하면 어떤 기억이 떠오르는가?

뚜렷한 절차가 있었는지, 회의 전 탐구와 준비의 시간이 있었는지, 자유로운 반대 의견이 제시되었는지 돌이켜보자. 만약 이런 경험이 희미하다면, 아마도 현실은 이랬을 것이다.

한두 사람이 흥분한 목소리로 회의를 독점하고, 나머지는 책상 위 다이어리에 무언가를 끄적이며 시선을 떨군 채 침묵으로 일관하는 모습.

사실 이것이 우리가 꽤, 자주 마주하는 회의실의 풍경이다. 전혀 낯설지도, 이상하지도 않은 것이 더 이상한 모습이다.

과거 한 기업에서 인사 관리직으로 근무하던 시절을 떠올려보면, 매주 월요일 각 부서 관리자가 한 시간 일찍 출근해 회의실에 모였다. 회의 전엔 소소한 안부 인사가 오갔지만, 대표가 입장하는 순간

공기는 곧바로 무거워졌다.

"임 실장, 이 문제 어떻게 할 거야? 맨날 똑같은 얘기만 하잖아. 제대로 좀 해봐!"

회의는 늘 이런 식으로 끝났다. 문제 해결을 위한 머리 맞대기나 새로운 아이디어 공유는 없었다. 그저 지적과 해명, 그리고 "열심히 하겠습니다"라는 다짐이 반복될 뿐이었다.

돌이켜보면, 그때 만약 서로의 머릿속 프레임을 꺼내놓고 문제 해결을 위한 토론을 했더라면 어땠을까. 지금 내 회의 경험은 전혀 다른 기억으로 남아 있었을 것이다.

회의 만족도, 낙제 수준

실제로 대한상공회의소 조사에 따르면 한국 직장인들의 회의 만족도는 100점 만점에 45점, 낙제 수준이다. 회의 효율성은 38점, 자유로운 소통 수준은 44점, 성과와 실행으로 이어지는 정도는 51점에 불과했다.

더 큰 문제는 인식이다. "이 회의가 정말 필요한가"라는 질문에 긍정적으로 답한 비율은 31.6%에 그쳤고, '회의 중 상하 간 소통이 잘 된다'는 응답은 26.4%였다. 회의 분위기를 묻는 질문에서 '자유롭다', '창의적이다'와 같은 긍정적 이미지는 8.9%뿐이었고, 반대로 '강압적이다', '불필요하다', '결론이 없다'는 부정적 이미지는 무려 91.1%에 달했다.

즉, 대부분의 직장인들은 회의를 더 이상 문제를 해결하는 자리가 아니라 시간 낭비로 받아들이고 있다. 이는 특정 회사만의 문제가 아니라 업종과 규모를 불문하고 한국 기업 곳곳에 되풀이되는 일상이다.

한 번의 회의에 10명이 1시간 참여한다면, 회사는 10시간의 인건비를 투자하는 셈이다. 그러나 결론 없는 회의는 그 10시간을 통째로 잃게 만든다. 더 심각한 것은, 이런 비효율적인 회의가 조직의 혁신, 시장 경쟁력, 직원 유지율과 직결된다는 점이다.

세 가지 고질적 문제

회의가 잘 진행되지 않는 조직의 문제는 세 가지로 요약할 수 있다.

첫째, 비효율이다.

준비 없는 회의, 목적 없는 회의, 그저 '일단 모이고 보자'는 습관적 회의가 일상화되어 있다. 시간과 에너지만 소모될 뿐이다.

둘째, 불통이다.

답은 이미 정해져 있고, 리더의 발언은 지시로만 작동한다. "너는 대답만 해"라는 무언의 분위기 속에서 자유로운 토론은 차단된다.

셋째, 무성과다.

회의가 끝없이 이어져도 결론은 없고, 실행도 없다. 그 결과 직원들은 점점 '말해도 소용없다'는 무력감을 학습한다. 발언은 리스크, 침묵은 안전이라는 공식이 회의실을 지배한다.

넷플릭스, 침묵이 부른 위기

넷플릭스의 '퀵스터(Qwikster) 사건'은 침묵이 어떻게 조직을 위기에 빠뜨리는지 잘 보여준다.

2007년, 넷플릭스는 DVD 우편 대여와 스트리밍 서비스를 월 10달러에 함께 제공하고 있었다. 시간이 흐르면서 스트리밍의 비중은 커지고 DVD는 점점 덜 사용될 것이 분명했다. 당시 CEO 리드는 '스트리밍에 집중하기 위해 DVD 부문을 따로 떼어내자'는 아이디어를 내놓았다.

그 결과 넷플릭스는 DVD 대여 서비스를 별도의 브랜드인 퀵스터(Qwikster)로 분리하는 결정을 하고, 스트리밍 전용, DVD 전용 서비스를 각각 8달러에 분리 제공했다. 문제는 두 서비스를 모두 쓰려면 기존 10달러가 아니라 16달러를 내야 한다는 점이었다. 고객들은 즉각 반발했다. 요금은 오르고, 계정은 두 개로 나뉘면서 불편만 늘었기 때문이다.

수백만 명의 구독자가 빠져나갔고, 넷플릭스 주가는 75% 이상 폭락했다. 사태가 악화되자 헤이스팅스는 직접 사과 영상을 올렸지만, 그 피곤한 표정은 미국 코미디 쇼 SNL의 풍자 대상이 되었다.

더 큰 문제는 그 뒤였다. 수십 명의 관리자와 부사장들이 "사실 그 결정이 재앙이 될 줄 알았다. 하지만 리드가 늘 옳다고 생각해 침묵했다"고 고백하기 시작한 것이다.

누군가는 "굳이 요금을 올릴 필요가 없다고 생각했지만, 다들 동의하는 분위기라서 따라갔다"고 말했다. 또 다른 이는 "Qwikster라는 이름이 별로였지만 아무도 말하지 않기에 나도 말하지 않았다"고 회상했다.

집단사고와 심리적 안전감

수평적 문화를 내세우는 스타트업에서도 비슷한 일이 벌어진다. 익명 리뷰 플랫폼인 잡플래닛, 크레딧잡에는 회의 문화에 관한 생생한 경험담이 올라온다.

회의 중 대표가 직원의 의견을 '쓸데없는 소리', 'B급 아이디어'라며 일축하거나, 특정 직원을 공개적으로 지목해 능력을 비웃고 폄하하는 일들이 벌어진다. 사실상 '대표의 말이 곧 법'이 되어 이미 정해진 결론만 강요하는 회의도 흔하다. 반대 의견을 냈다가 배제당하고, 인사 불이익을 받거나 공개 망신을 당한 뒤 결국 침묵을 선택하는 분위기도 마찬가지다. 이런 문화 속에서 사람들은 '괜히 말했다가 손해 본다'는 심리를 학습한다.

1972년 미국 예일대학교 사회심리학자 어빙 재니스(Irving Janis)는 이를 '집단사고(Groupthink)'라 불렀다. 집단사고란 합의와 화합을 지나치게 중시한 나머지 비판적 사고와 다양한 의견 제시가 억압되는 현상이다. 주요 특징은 다음과 같다.

▶ 비판 억제- 반대 의견을 말하기 어려운 분위기
▶ 동조 압력- 다수의 시선을 의식해 침묵하거나 찬성
▶ 자기 검열- 스스로 반대 의견을 삼키고 나수에 맞춤

▶ 합의의 환상- 모두가 동의한다고 착각
▶ 외부 의견 무시- 외부의 경고나 피드백 배제

집단사고가 지배하는 회의는 위험하다. 이를 막으려면 심리적 안전감이 전제되어야 한다. 하버드대 에이미 에드먼슨(Amy Edmondson)은 심리적 안전감을 "여기서 내가 말해도 안전하다"는 확신이라고 정의했다.

직원들이 보복이나 비난을 두려워하지 않고 자유롭게 질문하고 의견을 낼 수 있는 상태다. 심리적 안전감이 낮은 회의에서는 모두가 발언을 보류하고, 결국 대화의 질이 무너진다. 반대로 반대 의견조차 환영받는 문화에서는 회의가 살아 있는 토론으로 진화한다.

회의의 목적은 변화를 만드는 것이다. 변화는 인간 상호작용의 맥락 속에서, 그리고 그 상호작용을 가능하게 하는 의사소통을 통해 발생한다.

준비 없는 회의는 회의가 아니다

어떤 회의가 변화를 만들어내는가. 핵심은 세 가지다.

첫째, 질문으로 대화를 열어야 한다.

좋은 질문은 사고의 지평을 넓히고 새로운 관점을 불러온다. "제 생각엔 이 전략이 맞습니다"로 끝내지 말고, "다른 방법을 시도한다면 어떤 결과가 나올까요?"라고 묻는 순간 대화는 풍성해진다.

둘째, 반대를 장려하라.

반대가 사라진 집단은 도태된다. "이 계획이 실패한다면 어떤 위험이 있을까?"라는 반대 시각은 결정을 더 엄격히 검토하게 만든다.

셋째, 절차를 설계하라.

회의에는 명확한 절차가 필요하다. 발언 순서, 사전 자료 공유, 피드백 방법이 정해지면 불필요한 혼란이 줄고, 침묵이 깨진다.

2016년, SK하이닉스는 불필요한 회의와 보고를 줄이고 꼭 필요한 대화만 남기자는 목표를 세웠다. 회의 참석 가이드라인을 만들어 꼭 필요한 인원만 참여하도록 했고, 회의 예약 시 아젠다와 자료를 사전 공유하도록 했다. 또 참석자 수와 시간을 기준으로 회의 비용을 표시해 '이 회의가 얼마짜리인가'를 모두가 인식하게 만들었다.

온라인 타이머로 시간을 관리하고, 보고서는 최대 3페이지로 제한했다. 경영층 회의는 30% 이상 줄였다. 그 결과 회의·보고 횟수가 30~40% 줄었고, 구성원들은 불필요한 자료 준비에서 해방돼 본연의 업무에 몰입할 수 있었다. 결정 속도도 빨라졌고, 직원들의 삶에도 여유가 생겼다. 실제 조사에서 70% 이상이 "회의·보고 문화가 개선됐다"고 응답했다.

SK하이닉스의 사례처럼 절차는 회의 문화를 바꾸는 힘이 된다. 회의는 단순히 모여 있는 시간이 아니다. **변화의 출발점**이다. 침묵은 결코 합의가 아니며, 합의만 강조되는 집단은 성장할 수 없다.

준비된 질문, 반대의 용기, 절차의 설계, 이러한 말하기와 듣기의 균형이 점점 자리를 잡아갈 때, 회의실은 더 이상 '시간 낭비의 공간'이 아니라 조직이 똑똑해지는 순간을 만들어내는 무대가 된다.

두 번째. 리더의 한마디가 토론을 죽인다

우리는 회의실에 모여 일을 논하려 하지만, 정작 그 공간은 일을 멈추게 하는 경우가 많다. 도대체 무엇이 우리의 입을 닫게 만들고, 무엇이 사고의 흐름을 막는 것일까.

나는 회의라는 공간을 떠올릴 때마다, 오래전 경험 하나가 불쑥 떠오른다. 아젠다(Agenda:의제, 안건)도 없이 모였고, 결론도 없이 끝났던 회의들. 그 방 안에서 사람들은 다이어리만 바라보고 앉아 있었고, 누군가는 목소리를 높였고, 나는 늘 "이게 무슨 의미가 있을까"라는 질문을 품은 채 그 자리를 빠져나오곤 했다.

문제는 회의 자체가 아니라, 회의를 여는 단 한 사람의 태도였다는 것을 시간이 흐를수록 알게 되었다. 회의를 바꾸려면, 먼저 회의를 여는 사람의 언어와 표정, 그리고 마음의 결이 달라져야 했다. 그렇다면 구체적으로 무엇부터 바꿔야 할까.

아젠다는 길을 잃지 않기 위한 지도다

어떤 대화든 방향이 없다면 곧장 흩어진다. 우리는 일상의 모든 활동에서 작은 기준을 세우며 움직인다. 사진 한 장을 SNS에 올릴 때조차 왜 이 사진을 공유하는지, 누구를 향한 것인지 고민한다. 하물며 여러 사람이 모여 시간을 들이는 회의라면 어떻겠는가.

아젠다는 회의의 나침반이다. 그것은 단순한 문서가 아니라, '오늘 우리는 어디로 가는가'를 모두가 동일하게 바라보게 만드는 지도다. 아젠다 없이 모인 회의는 목적지를 모르는 항해와 같다. 파도에 따라 흔들릴 뿐, 어디에도 도착하지 못한다.

아젠다가 미리 공유되면 사람들은 생각을 준비하고 언어를 다듬는다. 혼자서 낸 결론을 들고 오는 것이 아니라, 서로의 생각 위에 생각을 올릴 수 있다. 그 순간 회의는 보고가 아니라 '토론'이 된다.

그런데 방향을 안다고 해서 사람들이 온전히 그 자리에 집중하는 것은 아니다. 빽빽한 일정 속에서 회의실로 뛰어온 사람들에게는 시간이라는 또 다른 배려가 필요하다.

시간은 사고의 흐름을 만드는 울타리다

기업에서 강의를 진행할 때면 늘 보는 풍경이 있다. 다이어리를 끼고 부랴부랴 뛰어오는 사람, 교육 담당자 전화를 받고서야 "아자, 잊었어요"라며 숨 가쁘게 도착하는 사람, 강의 중에도 전화기와 노트북을 놓지 못하는 사람들.

강사로서는 그들을 집중하게 만드는 게 내 일이지만, 그 시간에 쫓기는 모습을 보면 '오죽하면 저러겠느냐'는 생각이 먼저 든다. 그래서 나는 교육 시작 전 진행 시간, 쉬는 시간, 종료 시간을 정확히 전달한다. 교육에 집중해달라는 의미이기도 하지만, 업무 시간에 교육을 듣는 그들이 스스로 시간 관리를 할 수 있도록 배려하고 싶은 마음도 있다.

그래서 회의에서 가장 중요한 것은, '**그들의 하루가 무너지지 않도록 시간을 지켜주는 것**'이라고 믿는다. 정시에 시작하는 회의는 누군가의 삶을 존중하는 태도다. 50분의 집중과 10분의 전환은 그들의 다음 업무를 위한 숨 고르기다. 시간 관리를 잘하는 회의는 결국 사람을 지키는 회의다.

SK하이닉스가 회의 문화를 개선하며 얻은 변화도 결국 여기 있었다. 회의 시간을 정해두고, 목적 없는 회의를 줄이고, 정작 중요한 순간에만 모이는 것. 사람의 시간을 지켜주는 조직에서만 사람의 생각이 살아남는다는 사실을, 그들의 사례가 보여주고 있다.

말보다 강한 것은 말하지 않는 표정이다

구글은 수백 개 팀을 분석한 끝에 팀 성공에 가장 중요한 5가지 요인(Five Key Dynamics)을 발견했다. 심리적 안전감(Psychological Safety), 발언권의 균등 분배(Equality in Distribution of Conversational Turn-taking), 구조와 명확성(Structure & Clarity), 의미(Meaning), 영향(Impact)이 그것이다.

이 중에서도 상위 두 가지 요인, 즉 심리적 안전감과 발언권의 균등 분배가 리더가 회의실 분위기를 조성하는 능력과 가장 밀접하게 연결되어 있었다.

리더가 먼저 결론을 말하면, 사람들은 생각을 접는다. 리더가 고개를 끄덕이거나 찡그리는 그 작은 신호 하나에, 팀원들은 스스로의 의견을 조정하고 침묵 속으로 숨어버린다. 리더의 표정은 말보다 먼저 의미를 가지며, 그 의미는 말보다 더 깊게 사람의 마음을 건드린다.

그런 의미에서 리더에게 필요한 것은 정답을 말하는 힘이 아니라 **분위기를 지키는 절제**다. 표정을 중립적으로 유지하는 능력, 판단하지 않고 경청하는 능력, 언제 말하고 언제 침묵해야 하는지 아는 능력. 토론은 결국 리더의 마음이 먼저 비워져 있을 때 열린다.

리더가 먼저 말하면 침묵하는 이유

사람들이 말하지 않는 이유는 단순하지 않다. 피곤해서, 무관심해서, 혹은 회의가 이미 리더의 결론을 향해 흘러간다는 예감 때문에. 무엇보다 '말했다가 손해를 볼 수도 있다.'는 현실적인 두려움 때문이다.

이런 마음이 쌓이면 집단사고는 저절로 생긴다. 비판은 사라지고, 자기 검열이 시작되고, "모두 동의하는 것처럼 보이는 착각"이 회의실을 지배한다. 이 침묵은 겉으로는 평온해 보이지만, 속으로는 조직의 사고 능력을 천천히 갉아먹는다. 생각이 흐르지 않는 조직은 결국 문제를 해결할 힘을 잃는다.

조직이 문제를 해결하고, 토론 문화를 살리고 싶다면 리더가 먼저 내려놓아야 하는 것이 있다. 바로 '정답'이다.

이를 위해서는 리더의 역할을 발언자에서 촉진자로 전환시키는 것이 필요하다. 리더가 결론을 먼저 말하는 대신, 구성원들의 사고를 여는 질문을 던지고, 모두가 말할 수 있는 구조를 설계해야 한다. 구체적으로 세 가지 방법이 있다.

1. 질문으로 회의 문 열기- 리더가 자신의 결론을 말하는 대신, 팀원들에게 먼저 질문을 던져 토론 공간을 연다. "이 전략에 대해 어떻게 생각하시나요?" 대신 "이 전략이 실패한다면 어떤 이유 때문일까요?"처럼 사고를 확장하는 질문이 회의를 살린다.

2. 라운드 로빈 발언- 회의 초반에 모든 참가자가 차례로 한마디씩 의견을 짧게 나누는 방식이다. 순서를 정해 발언 기회를 보장함으로써 침묵하던 사람도 자연스럽게 말문을 열게 된다. 이는 토론하는 사람들의 생각의 근육을 깨운다.

3. 브레인라이팅- 개별적으로 먼저 아이디어를 적거나 익명으로 제출한 뒤 이를 바탕으로 토의를 여는 방식이다. 말하기가 서툰 사람에게도 아이디어를 꺼낼 기회를 주고, 익명성 덕분에 솔직한 의견이 나온다.

이처럼 발언 순서만 바꿔도 회의 분위기가 바뀌고, 침묵 뒤에 숨어 있던 아이디어가 드러난다. 좋은 리더는 토론의 중심에 서지 않는다. 대신 구성원이 중심으로 모이게 하는 보이지 않는 원형의 중심에 머문다. 그리고 이런 구조 변화는 결국 역할의 재정의로 이어진다.

토론은 모두의 책임, 결정은 리더의 몫

조직은 '누가 토론을 주도하는가'에 따라 미래가 달라진다. 리더가 토론을 독점하는 조직은 리더의 생각만 닮아가고, 구성원이 토론을 주도하는 조직은 조직 전체의 지능이 자란다.

심리학자 데시와 라이언(Deci & Ryan)은 자기 결정성 이론을 통해, 사람이 자율성을 느낄 때 가장 적극적으로 참여하고 실행한다고 말했다. 토론의 주도권을 구성원에게 돌려주면 그들은 스스로 결론에 책임을 가진다. 그리고 이 책임감은 실행력을 낳는다.

리더는 촉진자, 구성원은 책임자. 결정 단계에서 리더는 최종 승인자, 구성원은 실행을 움직이는 주도자. 이 단순한 역할 전환이 조직을 지시하는 조직에서 '생각하는 조직'으로 바꾼다.

그렇다면 이런 변화를 실제로 만들어내려면 무엇부터 시작해야 할까.

이를 위해 한 가지씩 실행할 수 있는 안을 10가지 제시해본다.

> 일, 회의 목적을 한 문장으로 만들고 회의를 시작한다.
> 이, 아젠다는 24시간 전에 공유한다.
> 삼, 시작 10분은 방향만 이야기한다.
> 사, 리더는 결론보다 질문을 먼저 낸다.
> 오, 라운드 로빈으로 침묵을 깨운다.
> 육, 타이머로 시간을 지킨다.
> 칠, 표정은 중립을 유지한다.
> 팔, 반대 의견을 먼저 수집한다.

> 구, 회의는 50분, 전환은 10분.
> 십, 마지막 5분은 액션 플랜만 다룬다.

다음 규칙을 각 조직의 상황에 맞 만들어 하나씩 지켜가보기 바란다. 아주 작은 변화들이지만, 이 규칙들이 하나둘 자리를 잡을 때 그 회의실은 더 이상 말하지 않는 방이 아니라 사람의 생각이 모이고 움직이는 공간이 될 것을 확신한다.

토론이란 어쩌면 간단하다. 우리는 종종 회의에서 답을 찾으려 하지만, 사실 회의가 우리에게 주는 가장 큰 선물은 정답이 아니라 '함께 사고하는 능력'이란 점을 간과하지 않으면 된다. 결국 조직을 성장시키는 것은 리더의 지시가 아니라, 서로의 생각이 이어지고 얽히며 만들어내는 '함께 생각하는 힘'이라는 사실을 말이다.

세 번째. 말하기 시작할 때 일어나는 일들

첫 발언은 공간의 성격을 바꾼다

어떤 공간이든 '첫 목소리'가 흘러나오는 순간, 그 공간은 성격을 갖는다. 그래서 나는 강의를 할 때면 늘 역할극을 먼저 여는 팀을 신중하게 고른다. 첫 팀의 태도는 단순한 시작이 아니라, 그 뒤를 따르는 팀들의 리듬과 자세, 심지어 말의 온도까지 결정하기 때문이다.

내가 사전에 조용히 부탁을 건넬 때가 있다. "00팀이 첫 팀을 맡아주시면 흐름이 훨씬 좋아질 것 같습니다."

이 말을 들은 팀은 약간의 자부심을 느끼며 무대 위로 올라온다. 그들의 진지함과 적극성은, 두 번째 팀과 세 번째 팀에게도 자연스레 전염된다.

이 장면을 지켜볼 때 나는 늘 같은 생각을 한다.

"말이 흐름을 만든다." 그리고 그 흐름은 단 한 사람의 첫 발언에서 시작된다.

회의도 마찬가지다. 누군가 용기 내어 입을 여는 순간, 정적인 공간은 움직이는 장이 된다. 집단의 사고가 깨어나는 순간은 언제나 말문이 열리는 바로 그 순간이다.

누가 먼저 말하는지가 집단의 방향을 정한다

회의에서 가장 먼저 입을 여는 사람을 유심히 관찰해보면 대부분 주도적이거나, 지위가 높거나, 주장에 강한 사람이다. 그들의 선제 골 같은 발언은 회의 분위기를 결정하는 데 큰 영향을 준다.

하지만 여기에는 중요한 함정이 있다. 심리학의 '재잘거림 가설(Babble Hypothesis)'에 따르면 가장 많이, 가장 먼저 말하는 사람을 우리는 무의식적으로 리더로 인식한다. 발언의 질이 아니라, 발언의 양과 빈도가 리더십 인식에 더 큰 영향력을 갖는 것이다.

그러면 어떤 일이 벌어지는가? 첫 발언자가 논의를 과도하게 안내하고, 다른 사람들은 위축되거나 기다리게 되며, 발언의 불균형이 빠르게 심화된다. 이는 집단지성을 약화시키는 대표적 현상이다. 한 사람의 언어가 흐름을 독점하는 순간, 다른 사람의 언어는 점차 줄어들고, 회의는 사고하는 공간이 아니라 한 사람을 따라만 가는 공간이 된다.

그래서 첫 발언자를 무작위로 지정하는 전략이 필요하다. 무작위 발언 앱을 쓰거나, 간단한 종이 뽑기를 활용하는 방식만으로도 첫 발언의 부담은 줄어들고, 예상치 못한 사람이 열어주는 첫 문장이 집단의 흐름을 새롭게 바꿔놓는다.

모든 사람이 한 문장씩 말할 때

회의 초반, 모든 참석자가 차례로 단 한 문장씩 발언하는 방식은 단순해 보이지만 매우 강력하다.

"오늘 회의에서 가장 기대하는 점 한 가지", "이 안건에서 내가 가장 걱정하는 지점 한 문장", "오늘 내가 꼭 확인하고 싶은 우선순위 하나"

말문을 여는 순간은 곧 참여의 문턱을 넘는 순간이다. 2009년 《Journal of Business and Psychology》에 발표된 조직행동 연구에서도 초반 발언 균형이 회의의 몰입도·만족도·효과성을 크게 높인다는 결과가 있다.

이와 같은 라운드 인 발언 방식은 초반 침묵을 빠르게 깨뜨리고, 모두가 이 회의의 '구성원'임을 체감하게 만든다. 한 번 말한 사람은 그날 회의에서 두 번째 말도 더 쉽게 한다. 침묵에 머물던 공기가, 첫 순환 발언을 지나면 놀랍도록 가볍게 흐른다. '말했다'는 경험이 곧 참여의 심리적 문턱을 낮추기 때문이다.

말이 길어질 때 생기는 문제

한 회의에서 이런 일이 있었다. 첫 발언자인 김수석이 말을 시작했다. 그리고 그의 발언은 30초를 넘어서 1분, 다시 2분을 지나… 핵심 없는 설명과 반복이 이어지기 시작했다.

참석자들은 노트북을 힐끔거리거나 눈을 깜빡이며 의례적인 끄덕임만 반복했다. 회의는 이미 지쳐 있었다. 길고 복잡한 발언은 사람들의 사고를 흐트러뜨리고 회의의 에너지를 바닥까지 끌어내린다.

이를 막는 방법은 의외로 간단하다. 바로 타임 리밋(Time-limit speaking). 초반 발언 시간을 30~60초로 제한하는 규칙이다. 이와 같은 발언의 제약은 사고의 명료함을 만들어낸다. 말하기 전에 '내가 무엇을 말하려는가'를 먼저 정리하기 때문이다.

집단 커뮤니케이션 연구에 따르면, 초기 발언 시간을 짧게 설정할수록 발언자 수가 늘고, 소수의 독점이 줄며, 토론의 다양성은 더 풍부해진다. 즉, 시간 제한은 참여의 문을 공정하게 여는 장치다.

때로는 말보다 글, 브레인라이팅

나는 누가 봐도 적극적인 성향의 사람이다. 그런데 이상하게도 대표나 고위 관리자가 있는 회의만 가면 나도 모르게 입을 다물곤 했다.

목 끝까지 차오른 말도 꾹 참아야 하는 무언의 압박감. 회의는 어느새 그들의 목소리만으로 굳어 있었고, 조직은 점점 한 사람의 관점만을 따라가고 있었다.

그 회사는 지금도 크게 달라지지 않았다고 들었다. 나는 그 이유를 안다. 말하는 사람이 한 명뿐이면, 생각하는 사람도 한 명일 수밖에 없다.

게다가 지금은 BANI 시대다.*VUCA 이후 등장한 개념으로서 취약성

(Brittle), 불안(Anxious), 비선형성(Nonlinear), 이해불가(Incomprehensible)로 특징지어지는 초불확실성의 시대를 의미

한 사람의 경험과 판단만으로는 복잡한 세계를 감당할 수 없다. 이 시대는 다양한 관점, 다양한 해석, 다양한 시도가 필요하다. 그래서 침묵을 깨는 장치가 조직에 반드시 필요하다.

대개 발언을 요청하면 갑자기 공기가 무거워진다. 사람들은 틀릴까 봐, 혹은 말문이 막힐까 봐 주저한다. 하지만 적는 행위는 다르다. 종이에 쓰는 것은 말보다 훨씬 부담이 적다. 나 역시 교육생으로 참여할 때 먼저 포스트잇에 적어보면 말하기가 훨씬 쉬워진다는 것을 느껴왔다.

일명 '브레인라이팅'이라 말하는 '적는다 → 공유한다 → 토론한다' 이 과정을 통해 말하기 부담을 드라마틱하게 낮춘다. 여러 연구에서도 같은 결론을 말한다. 외향적인 사람의 독점이 줄고, 내향적인 사람의 아이디어가 살아나고, 평가 두려움이 줄며, 발언 균형과 심리적 안전감이 강화된다.

모두의 판단이 모여 하나의 그림이 될 때

또 다른 방식을 살펴보면, 명목집단기법(NGT)이라는 것이 있다. 이는 집단 창의성과 공정한 의사결정을 만들기 위해 고안된 구조화된 방식이다.

1단계는 개별 투표다.

아무도 말하지 않는 침묵 속에서 자신의 선택을 종이에 적거나 앱

에 입력한다. 이 과정은 지위와 성향의 영향을 최소화한다.

2단계는 구조화된 공유다.

20초의 시간 제한 안에서 각자가 선택한 이유를 짧고 명확하게 설명한다.

이 두 단계만으로도 의견은 평평해지고, 나열이 아닌 구조화된 집단지성이 모습을 드러낸다. 말의 양이 아니라 집단의 판단 그 자체가 중심이 된다.

말이 길어지는 이유는 흔히 하나다. 생각이 정리되지 않았기 때문이다. 이에 대한 방법으로는 '60초 카드'가 꽤 효과적이다. 이는 밋밋한 흐름을 단숨에 잡아주는 도구다. 문제 진술 → 근거 → 제안, 이 세 칸을 채운 뒤 말하면 누구든지 1분 안에 또렷한 의견을 낼 수 있다. 생각을 정리하는 순간, 말의 힘도 함께 선명해진다.

경청은 조용한 태도가 아니라 명료한 요약

나는 한동안 '경청'이라는 단어를 오해하고 있었다. 조용히 듣는 것을 경청이라고 생각했지만 실제로 나는 조용했을 뿐, 상대의 말을 제대로 듣고 있지 않았다.

듣는 척하면서 내 다음 말을 생각하고, 동의하지 않는 의견은 '왜 저렇게 생각하지?'라는 판단으로 막고, 확증 편향 속에서 상대의 관점은 사라져갔다.

경청은 침묵이 아니라 요약이다. 상대의 말을 내 언어로 짧게 정리해보는 행위. 이것이 잡음을 줄이고 이해를 선명하게 만든다.

"제가 이해한 바로는 핵심이 ○○이고, 이 관점은 ○○ 때문이라는 말씀이시죠?"

이 한 문장만으로도 상대는 '내가 이해받고 있다'는 감각을 느낀다. 그리고 이 감각은 다시 발언 균형과 심리적 안전감을 만든다.

릴레이 요약은 상대의 말을 이어받아 "제가 이해한 내용은 ○○이고, 여기에 저는 ○○을 더하고 싶습니다."라는 방식으로 연결한다. 대화는 끊기는 대신 이어지고, 사고는 단절되는 대신 확장된다.

결국 우리가 늘 하고 있는 '말'은 단순한 소리가 아니다. 말은 흐름이고, 리듬이며, 집단의 생각을 깨우는 첫 신호다.

누군가가 용기 내어 말하기 시작하는 순간, 그 공간은 움직이기 시작한다. 침묵에 머물던 회의실이 생각이 오가는 장으로 바뀌는 순간은, 결국 누군가 입을 여는 바로 그 순간이다.

그리고 우리는 그 순간을 만들기 위해 오늘도 용기를 내어 입을 열고 있다.

네 번째. 차이를 넘어서는 합의의 기술

회의에서 내 의견이 채택되지 않을 때, 마음속에서 두 갈래의 감정이 동시에 솟는다. 하나는 "내 의견은 의미 없는가?"라는 상실감, 다른 하나는 "왜 저렇게 말해야 했을까?"라는 상처다.

그러나 더 깊이 들어가 보면, 문제는 채택 여부가 아니라 침묵 그 자체다. 말하지 않는 순간, 그 시간은 참여가 아니라 소모가 된다. 의견의 가치는 결과가 아니라 과정에 대한 기여의 흔적에 있다.

침묵이 만든 합의는 가짜다

그렇다면 왜 사람들은 회의에서 침묵하는가? 그 이유는 종종 개인의 성향이 아니라 구조의 결함 때문이다. 반대가 보이지 않으면 우리는 흔히 "모두 동의하는구나"라고 착각한다. 하지만 현실에서 그것은 대부분 "모두가 두려워하고 있다"는 신호다.

폭스바겐 디젤게이트는 침묵이 만든 대표적 사례다. 2015년, 폭스바겐은 배출가스 테스트를 조작한 사실이 드러나 전 세계적 스캔들에 휩싸였다. 문제는 이 조작이 단 한 사람의 일탈이 아니었다는 점이다. 수많은 엔지니어와 관리자들이 이 문제를 알고 있었지만, 누구도 제대로 문제를 제기하지 않았다.

왜 그랬을까? 회사의 실적 압박과 강압적 분위기 속에서 반대 의견은 불이익으로 이어졌고, 침묵은 안전한 선택으로 여겨졌다. 결과적으로 폭스바겐은 300억 달러 이상의 벌금과 합의금을 지불했고, 브랜드 신뢰도는 치명타를 입었다.

보잉 737 MAX 참사 역시 같은 맥락이다. 2018년과 2019년, 두 차례의 추락 사고로 346명이 목숨을 잃었다. 사고 조사 결과, 일부 엔지니어들은 MCAS 시스템(기수가 과도하게 들릴 때 자동으로 기수를 낮추는 보잉 737 MAX의 자동 자세 보정 시스템)의 위험성을 인지하고 있었지만 경영진의 압박과 일정 준수 요구 속에서 목소리를 내지 못했다.

반대가 사라진 조직은 더 똑똑해지지 않는다. 그저 더 위험해진다. 이 '보이지 않는 합의'는 조직을 가장 먼저, 가장 조용히 무너뜨린다.

반대를 설계하라

진짜 합의는 충돌이 사라졌을 때가 아니라, 충돌을 지나서 도달할 때 만들어진다. 그러나 충돌은 자연스럽게 일어나지 않는다. 우리는 본능적으로 갈등을 피하고 싶어 하고, 조직은 본능적으로 조용함을 선호하기 때문이다.

그래서 반대는 의도적으로 설계해야 한다. 조직이 살아남으려면 반대를 억압하는 것이 아니라, 반대를 끌어내는 구조를 만들어야 한다.

중세 가톨릭교회는 성인을 시성할 때 '악마의 대변인(Devil's Advocate)'이라는 역할을 두었다. 이 사람의 임무는 단 하나, 후보자의 자격에 대해 모든 반대 논리를 제시하는 것이었다. 이를 통해 시성 과정이 더 엄격해지고, 진짜 성인만이 선택될 수 있었다.

회의에서도 같은 원리를 적용할 수 있다. 한 사람이 "오늘은 반대만 하겠습니다."라고 선언하는 순간, 회의는 한 방향으로 기울어지지 않는다. 샬런 니메스의 연구에 따르면 소수 의견은 사고의 폭을 넓히고, 창의적 해결책을 현실로 끌어올린다.

악마의 대변인은 개인을 공격하는 것이 아니라 아이디어를 검증하는 역할이다. "이 계획이 실패한다면 어떤 이유 때문일까요?" "고객이 반대할 만한 지점은 무엇일까요?" 이런 질문들이 결정의 질을 높인다.

숨은 리스크 꺼내기

또 다른 방법으로는 화이트보드를 반으로 나누고 왼쪽에는 '찬성 이유', 오른쪽에는 '반대 이유'를 적는 방식이다. 이 단순한 시각화가 놀라운 효과를 낸다.

찬성만 나열될 때 사람들은 "나도 찬성해야 하나?"라는 압박을 느낀다. 하지만 반대 칸이 비어 있으면 오히려 "저 칸을 채워야 하는 것 아닌가?"라는 의무감이 생긴다. 화이트보드 한 칸이 감정을 비켜

가고 논리를 바깥으로 끌어내는 통로가 된다. 찬성과 반대를 나란히 적는 것만으로도 사람들은 공격이 아닌 검토를 시작한다.

게리 클라인이 개발한 프리모텀(Premortem) 기법은 '이미 실패했다고 가정하는 것'에서 시작한다. 회의를 이렇게 시작한다.

"지금으로부터 6개월 후입니다. 우리 프로젝트는 완전히 실패했습니다. 무엇이 잘못되었을까요?"

이 질문은 사람들에게 안전한 반대의 공간을 제공한다. 실패를 가정하는 순간, 비판은 개인에 대한 공격이 아니라 미래를 대비하는 예방책이 된다. 실제로 프리모텀을 활용한 팀들은 숨은 리스크를 30% 이상 더 많이 발견한다는 연구 결과도 있다.

이 모든 기술의 목적은 같다. 반대를 끌어내기 위해서가 아니라 더 나은 결정을 만들기 위해서. 그래서 충돌은 회의의 장애가 아니라 집단지성의 입구다.

언어가 충돌을 조율한다

회의에서 갈등을 만드는 것은 내용이 아니라 대부분 표현이다. 같은 말을 해도 "왜 그래요?"와 "어떤 근거에서 그렇게 보시는지 궁금합니다."는 전혀 다른 대화의 길을 연다.

그래서 우리는 말투를 바꾸는 것이 아니라 프레임을 바꿔야 한다. 언어는 단순한 전달 수단이 아니라, 관계와 사고를 설계하는 도구다.

"저는 반대합니다."라고 말하는 순간, 상대는 방어 태세에 들어간다. 하지만 "말씀하신 부분에 동의합니다. 다만 한 가지 우려되는 점이 있는데요."라고 시작하면 대화의 문이 열린다.

이것이 공감적 반론이다. 동의 + 보완, 동의 + 우려, 이견 + 대안. 이 세 가지는 반대를 부드럽게 연결하는 기술이 아니라, 상대를 존중하면서 논의를 깊게 끌고 가는 관계의 언어다.

"제안하신 방향은 이해가 갑니다. 다만 실행 단계에서 예산 리스크가 있을 것 같은데, 이 부분을 어떻게 보완할 수 있을까요?"

이런 표현은 상대의 아이디어를 부정하지 않으면서도 실질적인 검토를 가능하게 만든다.

한 회의에서 마케팅팀과 재무팀이 예산 문제로 대립했다. 마케팅팀은 "광고비를 늘려야 한다."고 주장했고, 재무팀은 "지금은 절감할 때"라고 맞섰다. 논쟁은 격해졌고 감정이 개입되기 시작했다.

그때 한 사람이 개입했다. "마케팅 관점에서는 지금이 투자 시점이고, 재무 관점에서는 리스크 관리가 우선이네요. 두 관점을 모두 고려한다면 어떤 절충안이 가능할까요?"

이 한마디로 분위기가 바뀌었다. 싸움이 아니라 문제 해결의 장으로 전환된 것이다.

마지막으로 회의에서 쓰면 안 되는 표현들을 바꿔야 한다. "말도 안 돼요.", "그건 아닌 것 같은데요.", "현실적이지 않아요." 같은 표현은 탐구를 막는다.

대신 이렇게 바꿔보자. "근거를 조금 더 듣고 싶습니다.", "실행 과정에서 어떤 어려움이 있을지 함께 검토해 볼까요?", "다른 대안도 함께 고려해 보면 어떨까요?"

언어는 결국 감정을 줄이고 사고를 여는 기술이다. 회의의 수준은 결국 언어의 수준을 넘어서지 못한다.

합의는 설계하는 것이다

집단지성은 모두 같은 의견일 때 생기는 것이 아니라 서로 다른 의견을 안전하게 꺼낼 수 있을 때 생긴다.

반대를 설계하고, 논의를 시각화하고, 실패를 먼저 상상하고, 언어를 다시 설계하는 모든 과정. 이것이 조직이 조용한 동의가 아니라 생각하는 조직으로 이동하기 위한 길이다.

우리가 진짜 두려워해야 할 것은 의견 충돌이 아니라 의견 부재다.

침묵 속에서 만들어진 합의는 합의가 아니라 착시에 가깝다. 차이를 드러내고, 충돌을 설계하고, 언어로 조율하는 과정은 번거롭고 불편하다. 하지만 바로 그 불편함 속에서 진짜 합의가 만들어진다.

합의를 설계하며, 다름을 갈등이 아니라 자원으로 다루기 시작할 때, 조직은 비로소 한 사람의 판단을 넘어설 수 있다.

다섯 번째. 생각이 닿는 순간, 해답이 열린다

WHY - 왜 모였는가

요즘 MZ세대들은 일을 할 때 "왜 이 일을 해야 하나요?"를 가장 많이 묻는다고 한다. '왜 해야 하나요'라는 질문을 해본 경험이 적은 세대는 그 질문의 이유를 알 수가 없다. "그냥 하면 되지, '왜'라는 걸 왜 물어보지?" 하며 의아해 한다.

그런데 여기서 우리가 생각해 봐야 하는 건 그 질문을 하는 의도이다. 그들은 '이 일이 나에게 어떤 의미가 있는가', '내가 어떤 기여를 하게 되는가'를 알고 싶어 한다. 즉, 이유를 알아야 움직이고, 이유를 알아야 몰입한다.

그 일을 해야 하는 이유, 그 회의를 진행하는 이유는 몹시 중요하다. 회의는 단순히 정보를 공유하기 위한 자리가 아니다. 서로의 방향을 맞추고, 결정의 기준을 세우는 시간이다. 따라서 회의의 첫 단계는 '무엇을 논의할까'가 아닌 '왜 이 논의가 필요한가'를 명확히 하고 공유하는 것이다.

회의의 이유가 공유되는 순간, 참석자들은 단순한 참여자가 아니라 의미를 가진 기여자로 전환된다. 그때부터 회의는 참석이 아닌 '설계'가 된다.

WHAT - 무엇을 결정하고 만들어야 하는가

회의 때 할 말이 없다면, 또는 회의가 길어진다면 다른 사람들의 의견이 많아서가 아니라 무엇을 결정해야 하는지 모호하기 때문이다. 따라서 회의 초반에 '결정의 범위'를 명확히 만드는 것이 중요하다. 이 결정의 범위가 회의가 마무리 되고 나서 눈에 보이는 결과물(output)을 만들어 줄 수 있다.

"오늘 회의가 끝날 때, 우리는 어떤 상태가 되어 있어야 하는가?"

"이 회의에서 반드시 합의되어야 하는 핵심 사안은 무엇인가?"

이런 질문들이 회의의 목표와 산출물을 구체화한다.

1. "오늘 반드시 결론이 나야 하는 주제는 무엇인가?"

논의 목록 중 결정이 필요한 안건과 정보 공유용 안건 등을 구분하고, 회의록 상단에 '오늘 반드시 결론이 필요한 안건 2~3개'를 명시한다.

2. "이 회의에서 어디까지 결정할 수 있는가?"

"최종 결정인가, 제안 수준인가, 혹은 검토 단계인가?"

최종 결정은 실행 즉시 가능한 사안(예: 예산, 일정, 담당자 지정)이고, 제안 승인은 상위 결재나 타 부서 협의가 필요한 사안이며, 검토 요청은 정보 수집이나 시뮬레이션 등 추가 검토가 필요한 사안이다.

3. "어떤 기준으로 판단하고 결정할 것인가?" (예: 품질, 일정, 비용)
"이번 결정에서 반드시 지켜야 할 조건은 무엇인가?"

기준을 명시해 두면, 논의가 사람 중심이 아니라 근거 중심으로 진행될 수 있다.

HOW - 합의를 재창조하고 실행력을 완성하는 기술

회의의 목적(WHY)과 결정 범위(WHAT)가 명확해졌다면 이제 모두의 의견을 엮어 가장 실행력 있는 새로운 해법(HOW)를 만들어야 한다. 그러기 위해 상황에 따라 전략적으로 조율하는 과정이 필요하다.

제품 런칭 회의 중, 개발팀 리더는 일정표를 보며 단호하게 말했다. "이 일정으로는 품질이 보장되지 않습니다. 최소 2주는 더 필요합니다."

이에 마케팅팀은 곧바로 반박했다. "주를 미루면 광고 캠페인 일정이 다 꼬입니다. 이미 예산과 매체 계약이 끝난 상태예요."

회의장은 긴장감으로 가득 찼다. 서로의 말은 맞지만, 기준이 다른 상황이다. 한쪽은 품질 기준을, 다른 쪽은 시장 일정을 우선시하고 있었다. 이때 리더가 해야 할 일은 누가 옳은지를 판단하는 것이 아니라, 무엇이 더 나은 해법인지 설계하는 것이다.

회의 결과를 도출해야 할 때 우리는 많은 경우의 수를 고려하게 된다. 그 사이에 갈등이나 충돌이 발생했다면, 피해야 할 것이 아니라 논의의 목적과 리스크를 기준으로 조율 모드나 합의 전략 모두를 구성해야 한다.

전략적 조율

갈등은 모두 나쁜 것은 아니다. 중요한 것은 언제, 어떤 방식으로 대응하느냐다. 리더는 회의의 목적과 리스크 수준을 기준으로 조율 모드를 선택해야 한다.

협력은 양측의 니즈를 모두 충족시키는 최적의 해답을 찾아야 할 때 선택한다. 혁신과제나 전략 수립처럼 새로운 안의 재창조가 필요한 순간이다.

타협은 시간, 예산 등 자원이 제한적이거나 양측 모두 100% 만족이 불가능할 때 차선의 현실적인 합의를 신속히 도출하기 위해 선택한다. 빠른 실행력 확보가 목표다.

경쟁은 안전, 윤리, 법규 준수 등 타협할 수 없는 핵심 가치가 걸려 있어 신속하고 단호한 결정이 필요할 때 선택한다. 팀과 고객의 안전을 확보하는 것이 우선이다.

수용은 상대에게 중요도가 높지만 우리 팀의 핵심 목표에 영향이 적은 이슈에 양보하여 관계적 자본을 쌓을 때 선택한다. 장기적인 신뢰 관계 구축이 목표다.

이렇듯 각 조율 전략은 상황과 목적에 따라 다르게 선택되어야 한다. 그 선택이 회의의 실행력을 결정한다. 우리가 회의에서 때로는 충돌을 드러내고, 때로는 조정하고, 때로는 한 걸음 물러나는 이유는 단 하나다.

다수의 관점이 반영된 재창조된 안을 만드는 것. 이 재창조의 과정이 쌓여야 비로소 팀이 '우리의 답'을 가지게 된다.

합의는 끝이 아니라 실행의 출발점이다. 서로의 지혜를 모아 조직의 미래를 함께 설계하는 순간, 비로소 회의는 시간 소비의 자리가 아닌 '새로운 가능성을 만드는 장'이 된다.

생각이 닿는 순간

나는 이 책을 통해 '침묵'이라는 조직의 가장 위험한 리스크를 다뤘다. 폭스바겐과 보잉의 사례가 보여주듯, 권위 아래의 보이지 않는 합의는 BANI 시대에 조직을 가장 빠르게 무너뜨리는 적이다.

하지만 우리는 이제 알고 있다. 회의는 싸움이 아니라 설계이며, 합의는 절충이 아니라 재창조다. 한 사람의 생각만으로는 이 복잡한 시대를 헤쳐나갈 수 없다. 서로의 생각이 닿는 순간, 우리는 A도 B도 아닌 새로운 해답을 발견한다.

침묵을 깨고, 다름을 자원으로 삼아, 충돌 속에서 재창조할 때, 집단지성은 현실이 된다. 말하지 않는 조직은 멈추고, 듣지 않는 조직은 무너진다.

이 글을 읽고 있는 여러분의 발언과 경청이 곧 조직의 생존 전략이자 미래의 언어임을 기억해주기 바란다. 그리고 오늘 회의실에서 용기 내어 입을 열 때, 여러분은 단지 말하는 것이 아니라 새로운 미래를 설계하고 있음을 기억해 보자.

7장

배우는 인간 Learning Being
변화의 시대를 살아남는 집단지성

AI와 데이터가 인간의 사고방식을 재편하는 시대, 이다인 대표는 여전히 '배움'이 인간을 인간답게 만드는 본질적인 힘이라 믿는다.

20년 동안 650개 이상의 기업과 기관을 만나며 2만 5천 명이 넘는 학습자의 변화를 설계해온 그는, '배우는 인간'이야말로 빠르게 변하는 세상 속에서 유일하게 진화하는 존재임을 증명해왔다.

그녀의 관심은 언제나 지식 전달이 아닌 행동의 변화에 있다. 때문에, 단 한 번의 강의라 할지라도 단발성 이벤트로 끝내지 않고, 개인의 성장이 조직의 성과로 이어지도록 설계한다.

이를 위해 심리학, 커뮤니케이션, 그리고 AI 리터러시(AI Literacy)를 결합해 실무자가 AI와 협업하며 스스로 학습할 수 있는 구조를 만들어왔다.

그녀의 교육은 '쉽게 배우되, 깊이 성장한다(Easy to Learn, Deep to Grow)'는 철학 위에 서 있다.

그녀는 이렇게 말한다.

"배움은 외워지는 게 아니라, 스며드는 것이다."

이다인 지음
그리다_인 컨설팅 대표

E-mail. chuiah@naver.com
Blog. blog.naver.com/gridain
Instagram. grida___in

첫 번째. 지식의 권력이 무너지고 있다

지식의 권력이 무너지고 있다

2025년, 한국 성인의 97%가 생성형 AI를 알고 있고, 95%가 이미 사용하고 있다는 조사 결과가 나왔다. 교육 현장에서 "요즘 검색 어디서 하세요?"라고 물으면, 많은 이들이 자연스럽게 "ChatGPT요."라고 답한다. 구글 제미나이는 월 3억 5천만 명, ChatGPT는 5억 명의 사용자를 기록하며, 검색의 무게중심을 완전히 바꾸어놓았다.

불과 얼마 전까지만 해도 지식을 많이 아는 사람이 권력을 가졌다. 정보에 접근할 수 있는 사람, 전문 서적과 보고서 뒤에 숨어 있던 사람, 자격증과 학위로 무장한 사람이 의사결정을 주도했다. 그러나 지금, AI는 검색과 요약, 해석, 분석까지 대신하며 기존의 지식 권력을 빠르게 해체하고 있다.

이제 중요한 질문은 바뀌었다. "얼마나 알고 있느냐?"에서 "어떻게 묻고, 어떻게 검증하고, 어떻게 함께 나누느냐?"로.

지식은 더 이상 소수에게 쌓여 있는 폐쇄된 자원이 아니다. 팀과 조직, 커뮤니티 속에서 서로 연결되고 갱신될 때 힘을 발휘하는 집단지성의 연료가 된다. 이 전환을 이해하는 일이 곧 '배우는 인간(Learning Being)'을 이해하는 출발점이다. 배우는 인간은 지식을 쌓아 올리는 존재가 아니라, 함께 배우며 지식을 흐르게 만드는 존재다.

검색의 종말, 질문의 시대

"요즘 검색 어디서 해요?"라는 질문에 ChatGPT, 제미나이를 먼저 떠올린다는 건 정보 탐색의 중심축이 '검색창'에서 '대화'로 이동했음을 뜻한다. 우리는 지금 AI와 대화하며 문제를 푸는 시대를 살고 있다.

과거에는 정답을 잘 아는 사람이 전문가였다. 이제는 질문을 잘 던지는 사람이 협업을 이끈다. 같은 AI를 써도 어떤 팀은 놀라운 인사이트를 뽑아내고, 어떤 팀은 길어진 요약본만 쌓아둔다. 차이는 질문의 수준에서 갈린다.

"이번 프로젝트의 성공 요인은 뭐예요?"라고 막연하게 묻는 대신, "이번 프로젝트 성공의 핵심 요인을 3가지로 정리하고, 각 요인별 실패 사례와 예방 전략까지 비교해 줘"라고 요청하면 AI는 전혀 다른 차원의 결과물을 내어준다.

이때 중요한 능력이 바로 '프롬프트 엔지니어링'이다. 기술 용어처럼 들리지만 본질은 단순하다. 인간의 사고 언어를 AI가 이해할 수 있는 일종의 '질문 설계 언어'로 번역하는 능력이다. 특히 HRD 영역에서는 이 능력이 교육자의 상상력을 AI의 실행력으로 전환해 준다.

예를 들어, "성인 학습자 대상의 리더십 교육과정을 8주로 설계해줘. 각 주마다 학습 목표, 실습 활동, 평가 기준을 포함해 줘."처럼 구체적으로 요청하면 바로 사용할 수 있는 커리큘럼 초안이 나온다.

또 조직에서는 "이번 직원 만족도 조사 결과를 SWOT 형식으로 정리하고, 각 항목별 개선 방안 3개씩과 실행 액션을 제시해 줘."라고 물으면 회의의 출발점이 되는 구조화된 인사이트를 얻을 수 있다.

결국 정보의 힘은 저장된 양이 아니라 질문하는 방식에서 나온다. 배우는 인간은 스스로 이렇게 묻는다. 나는 지금 어떤 질문을 던지고 있는가? 이 질문이 우리 팀의 사고를 어떻게 여는가?

믿을 수 있는 정보의 조건

AI의 답은 빠르다. 그러나 빠르다고 곧바로 '믿을 만한 것'은 아니다. 한 컨설팅 회사는 ChatGPT가 제공한 시장 데이터를 검증 없이 제안서에 썼고, 발표 현장에서 고객사의 지적을 받았다. "이 데이터, 2년 전 자료인 거 아세요? 경쟁사 정보도 사실과 다릅니다."

문제의 핵심은 "AI가 틀렸다"가 아니라, "기본적인 팩트 체크조차 하지 않았다"라는 신뢰 붕괴였다. 이후 그 회사는 '검증의 3단계'

를 도입했다.

첫째, 출처 확인이다. AI가 말한 수치와 정보의 원래 출처를 직접 찾아본다. **둘째, 날짜 점검이다.** 데이터가 언제 만들어진 것인지, 최신성을 확인한다. **셋째, 교차 검증이다.** 최소 두 개 이상의 독립된 자료에서 같은 내용을 확인한다.

결국 AI를 잘 쓰는 조직은 AI를 무조건 믿지 않는 조직이다. 활용하되 비판적 사고와 검증 절차를 함께 세팅해둔다.

진짜 권력은 정보 자체에서 나오지 않는다. 정보를 어떻게 검증하고, 어떻게 함께 나누느냐에서 나온다. 속도보다 신뢰가 비용을 줄인다. 배우는 인간은 빠르게 움직이기 전에, 함께 검증하는 법부터 배운다.

데이터 홍수 속 길 찾기: 큐레이션의 힘

AI 시대의 또 다른 역설이 있다. 정보는 넘쳐나는데, 필요한 정보는 찾기 어렵다는 점이다. 하루에도 수많은 보고서와 대시보드가 쏟아지고, 각 자료에는 그럴듯한 분석과 그래프가 가득하지만 팀원들은 말한다. "좋은 자료인 건 알겠는데, 지금 우리에게 무엇이 중요한지 모르겠어요."

필요한 건 큐레이션이다. 큐레이션은 정보를 모으는 일이 아니라, 우리 팀에 지금 필요한 정보를 골라 맥락을 붙여 주는 일이다.

얼마 전 정부부처 고위 리더 대상 교육에서 한 분이 쉬는 시간에 이렇게 말했다. "요즘 젊은 직원들은 뇌를 안 쓰는 것 같아요. 클릭

한 번으로 보고서를 써오니까요." 그러나 실제로 생성형 AI를 제대로 쓰는 직원의 작업 과정을 들여다보면, 수십 번의 프롬프트 시도, 여러 차례의 수정과 비교, 검증 절차가 숨어 있다. 생각을 '안 하는' 게 아니라, 생각하는 '방식'이 달라진 것이다.

이제 조직에서 진짜 중요한 인재는 AI를 잘 다루고, 동시에 팀에 필요한 정보를 골라 연결해 주는 사람이다.

그래서 나는 팀 단위의 간단한 큐레이션 시스템을 제안한다. 매주 한 번, '이 주의 핵심 Top 3'를 공유한다. 목요일까지 각 팀원이 이번 주에 발견한 중요한 정보 3개를 정리해 제출하고, 금요일 짧은 팀 미팅에서 각자의 Top 3를 공유한다. 그리고 "우리 팀에 어떤 의미가 있는지, 어디에 적용할 수 있을지"를 함께 논의하고, 공유 문서에 선정 이유와 활용 방안을 기록한다.

처음에는 번거로워 보일 수 있다. 하지만 일정 시간이 지나면 조직 전체의 시야와 사고력이 눈에 띄게 확장된다. 개인이 흩어 모은 정보가 팀의 집단지성으로 전환되는 순간이 온다.

새로운 권력: 함께 배우는 사람들

지식의 권력이 무너졌다고 해서 권력이 완전히 사라진 것은 아니다. 단지 기준이 바뀌었을 뿐이다.

예전에는 많이 아는 사람, 정보를 독점하는 사람이 권력을 가졌지만 이제는 잘 묻고, 비판적으로 검증하고, 기꺼이 공유하는 사람이 새로운 권력을 갖는다.

지난 20년간 기업교육을 하며 확실히 느낀 점이 있다. 진짜 전문가는 지식을 숨기지 않는다. 오히려 아낌없이 나누어 팀 전체의 수준을 끌어올린다. AI 시대에는 이런 사람이야말로 조직의 전략 자산이 된다.

내가 생각하는 '배우는 인간'이란 혼자 조용히 공부하는 사람이 아니다. 함께 배우는 장을 만들고, 지식이 한 사람의 머리에서 끝나지 않도록 흐름을 설계하는 사람이다.

그리고 여기서 다음 글의 주제가 이어진다. 지식의 권력이 무너지고, 질문과 검증, 큐레이션이 새로운 힘이 된 지금, 사람들은 엄청난 속도와 불확실성 앞에서 두려움을 느끼고 있다.

다음 글에서는 그 두려움이 왜 생기는지, 그리고 어떻게 연대와 집단지성으로 전환할 수 있는지를 살펴볼 것이다.

두 번째. 변화의 속도와 인간의 두려움

어제의 대세, 오늘의 유물: 메타버스의 교훈

메타버스가 대세라던 때가 불과 몇 년 전이었지만, 지금은 거의 언급되지 않는다.

2021년 페이스북이 사명을 '메타'로 바꾸며 대규모 투자를 단행하자 언론은 "메타버스가 모든 것을 바꿀 것"이라 전망했고, 많은 기업이 플랫폼 구축에 뛰어들었다. 그런데 2022년 말 ChatGPT가 등장하자 메타버스는 순식간에 과거의 이야기가 되어버렸다.

빌 게이츠가 2023년 노트에 "내 삶에서 가장 혁신적이었던 기술 두 가지는 GUI와 ChatGPT"라고 적었을 때, 기술 변화의 기울기가 얼마나 가팔라졌는지 체감할 수 있었다. 불과 2년 전만 해도 메타버스가 차세대 인터넷의 중심이라 여겨졌으니 말이다.

지금은 생성형 AI가 핵심 기술 트렌드로 자리 잡았다. 우리는 새로운 기술을 익히기도 전에 다음 소식이 들려오는 시대를 산다. 이런 급격한 변화 속에서 사람들은 불안과 두려움을 느낀다.

실제로 HR분야 교육 현장에서는 "AI가 내 일자리를 대체하지 않을까요?" 같은 질문이 끊이지 않는다. 새로운 AI 도구 사용법을 배우느라 지쳐 있거나, 아예 포기하는 임직원도 적지 않다.

한 대기업의 50대 중간관리자 김 부장님의 사례가 기억에 남는다. 그는 몇 년에 걸쳐 엑셀 고급 기능을 익혀 후배들에게 수식 상담을 해줄 정도였다. 그런데 관리자 대상 생성형 AI 수업에서 ChatGPT가 데이터 분석까지 해준다는 말을 듣고 혼란스러워했다.

"제가 오십 넘어서 엑셀 배운다고 얼마나 고생했는데요, 이제 다 무용지물인가요?"

그 순간 깨달았다. 변화의 속도가 개인의 적응 능력을 압도할 때, 그 간극에서 공포가 생긴다. 속도의 폭력 앞에서 사람은 쉽게 무기력해진다.

두려움은 개인의 결함이 아니라 **변화에 대한 자연스러운 신호**다. 심리학에서는 이를 '변화 저항(Change Resistance)'이라 부르며, 생존을 위한 본능적 반응으로 본다. 문제는 이 신호를 어떻게 해석하고 활용하느냐다.

그렇다면 구체적으로 어떻게 두려움을 다루고, 새로운 기술을 조직에 안착시키며 성공 가능성을 높일 수 있을까? 답은 '파일럿 프로젝트'에 있다. 파일럿 프로젝트란 새로운 기술이나 시스템을 전사적으로 도입하기 전에 제한된 범위에서 먼저 시험하는 전략이다.

A사는 ChatGPT 기반 업무 자동화를 전 직원에게 동시에 도입

하려 했다. 하지만 직원들의 저항, 보안 우려, 기술적 한계로 6개월 만에 프로젝트가 중단됐다.

반면 B사는 마케팅팀 5명을 대상으로 3개월 파일럿을 진행했다. 콘텐츠 기획서 초안 작성, 소셜미디어 게시글 생성, 고객 문의 응답 템플릿 제작 등 구체적인 업무에 ChatGPT를 활용했다.

초기 3주는 오히려 업무 시간이 늘었다. AI 프롬프트를 작성하고 결과물을 수정하는 데 이전보다 시간이 더 들었기 때문이다. 하지만 노하우가 쌓이면서 2개월 차부터 효율이 뚜렷이 올랐다.

B사의 성공에는 분명한 이유가 있었다. 적정 인원과 기간, 예산, 참여자 간 긴밀한 소통과 빠른 피드백, 조직의 전폭적인 지지가 있었기 때문에 가능한 일이었다.

물론 파일럿 프로젝트는 실패할 수 있다. 그러나 그 진정한 가치는 실패를 안전하게 경험한다는 데 있다.

한 C기업은 고객 서비스 챗봇 파일럿을 시행했고, 초기 3주간 고객 만족도가 급격히 떨어졌다. 챗봇이 단순 반복 질문에만 대응해 복잡한 문의는 결국 상담원에게 연결되어야 했고, 그 과정에서 고객이 설명을 두 번 해야 하는 번거로움을 겪었다. 하지만 여기서 소중한 인사이트를 얻었다.

첫째, 챗봇을 도입하기 전에 기존 상담 패턴을 면밀히 **분석했어**야 했다는 것이다. 둘째, 복잡한 문의가 들어왔을 때 상담원에게 매끄럽게 연결되는 **시스템**이 반드시 필요했다. 마지막으로, 무엇보다 중요한 것은 고객 대기시간을 줄이는 것보다 문제를 정확하게 **해결**

하는 것이 더 중요하다는 깨달음이었다.

이 경험을 통해 상담 패턴 분석과 상담원 연결 시스템의 필요성을 확인했고, 최종적으로 고객 만족도를 기존보다 높일 수 있었다. 작은 실패가 조직의 학습 자산이 된 것이다.

결국 교훈은 명확하다. 변화의 속도가 예측보다 빠른 시대에 우리가 확실히 할 수 있는 것은 작게 시작해 학습하고, 빠르게 수정하며, 점진적으로 확산하는 태도다.

ChatGPT, 질문의 기술을 바꾸다

ChatGPT의 출현은 단순히 답을 빨리 찾게 해주는 새 도구의 도입을 넘어 질문하는 방식 자체를 바꾸어놓았다.

과거에는 답을 잘 아는 사람이 전문가였다. 이제는 좋은 질문을 던질 줄 아는 사람이 더 큰 힘을 가진다. ChatGPT의 답변은 결국 질문의 질에 달려 있기 때문이다. 따라서 조직의 수준은 곧 질문의 수준으로 결정된다.

한 기업은 회의 방식을 이렇게 바꾸었다. 회의 전에 팀원들이 각자 같은 프롬프트로 AI에 질문하고 답을 받은 뒤, 그 결과를 비교하며 토론하는 것이다. 이때 논의의 초점은 '정답'이 아니라 질문과 사고의 프레임을 점검하는 과정이다. 그 과정에서 팀원들은 자신의 인식 한계를 자각하고, 더 나은 질문을 찾아가는 훈련을 한다.

이는 곧 메타인지(내가 무엇을 알고, 무엇을 모르는지에 대한 자각) 훈련이 된다. 이러한 점검을 습관화하면 AI가 바뀌고 기능이 늘어나도 학습하는 방법을 학습하는 능력은 대체되지 않는다.

두려움이 연대로 변하는 순간

기술의 속도는 사람을 압도한다. 그래서 두려움은 비정상이 아니라 당연하다. 핵심은 그 감정을 어떻게 다루느냐다. 혼자 감당하면 두려움은 커지고, 함께 나누면 작아진다.

D기업의 한 사업부는 'AI 스터디 그룹'을 만들어 직원들이 서로 배우고 경험을 공유하도록 했다. 연령이 높은 직원들은 처음엔 부담을 느꼈지만, 젊은 동료와 짝을 이루어 상호 멘토링을 하자 오히려 더 적극적으로 참여했다.

E기관은 '생성형 AI 리터러시 교육'으로 공공 부문 직원의 AI 활용 역량을 체계적으로 키우고 있다. 조직 차원의 지원과 동료들의 협력이 결합되자 새 기술을 빠르고 안전하게 수용할 수 있었다.

결론은 분명하다. 두려움은 **공동의 경험을 통해 학습과 용기의 에너지로 전환**된다. 이는 단순한 정서적 위로가 아니라, 조직이 기술 변화를 성공적으로 안착시키는 전략적 방법이다.

두려움, 새로운 출발점이 되다

20년 넘게 다양한 조직의 변화를 지켜보며, 나는 한 가지 사실을 확신했다. 기술 그 자체보다 중요한 것은 사람들 사이의 유기적인 관계다. 같은 기술을 도입해도 어떤 조직은 성공하고, 어떤 조직은 실패한다. 갈림길에는 결국 '사람들이 어떻게 함께 배우고 연대했는가'가 있다.

50대 중간관리자가 느끼는 두려움과 20대 신입사원이 느끼는 불안은 다르지 않다. 혼자라면 압도당할 수밖에 없는 그 감정도, 함께라면 학습의 동력으로 바뀐다.

다가오는 2026년, 또 어떤 신기술이 우리를 놀라게 할지 아무도 모른다. 그러나 변하지 않는 사실이 있다. 기술은 도구일 뿐이고, 그 도구에 의미를 부여하는 것은 결국 사람이다.

세 번째. 새로운 도구, 새로운 연대

쇠도끼가 문화를 무너뜨린 날

문화는 대게 거창하게 무너지지 않는다. 작은 균열에서 서서히 흔들린다. '일요론트 부족' 사례를 살펴보자. 그들의 성인식은 단순한 통과의례가 아니라 공동체 질서를 지탱하는 상징이었다. 성인은 직접 돌을 구해 돌도끼를 만들어야 했고, 이 과정에서 어른으로서의 책임과 권위를 확인했다.

그런데 어느 날 선교사가 쇠도끼를 들고 그들에게 나타났다. 문제는 도끼의 성능이 아니라 누가 먼저 손에 쥐었는가였다.

십 대 아이들은 망설임 없이 쇠도끼를 썼고, 그것을 본 어머니들이 뒤따랐다. 그러나 성인 남성들은 받아들이지 못했다. 그들 부족의 정체성이 '돌도끼를 만드는 사람'이라는 오래된 의미에 기대고 있었기 때문이다.

결정적인 순간은 조용히 찾아왔다. 아버지가 아들에게 "돌도끼를 만들러 함께 가자."고 했을 때, 쇠도끼를 든 아들은 굳이 그 길을 갈 이유가 없었다. 단 한 번의 거절이 공동체 질서를 송두리째 흔들었다. 아버지의 권위가 무너지는 순간, 부족의 질서도 함께 무너졌다.

쇠도끼가 파괴한 것은 돌도끼가 아니라 **역할**의 의미였다. 새로운 도구가 등장했을 때 역할을 다시 정의하지 못하면 문화는 충돌을 피할 수 없다.

이 이야기는 옛날 일이라고 단정할 수 없다. 2022년 말 ChatGPT가 등장했을 때, 우리 조직에서도 비슷한 장면이 조용히 반복됐다. 누가 가장 먼저 손에 쥐었는가. 누가 두려워했고, 누가 흥미롭게 바라봤는가. 그리고 누가 변화의 중심에 섰는가.

새로운 도구는 늘 같은 질문을 던진다. "누가 먼저 잡는가?"

누가 먼저 잡는가: 얼리어답터의 법칙

새로운 도구는 언제나 사람의 모습을 드러낸다. 어떤 이는 본능적으로 시도하고, 어떤 이는 신중히 기다리고, 또 어떤 이는 끝까지 움직이지 않는다. 에버렛 로저스의 혁신확산이론은 이 흐름을 정확히 설명한다. 이 이론이 중요한 이유는 '분류' 자체가 아니라, 조직 내부에서 누가 변화의 첫 신호를 잡는가가 곧 생존의 문제이기 때문이다.

조직에는 분명 먼저 움직이는 사람들이 있다. 새로운 도구를 두려워하기보다 먼저 실험하고, 실패하더라도 배우려는 사람들이다. 나는 이들을 '얼리 챔피언'이라 부른다. 이들은 조직을 흔드는 기술보다 먼저 움직이는, 일종의 내부 나침반 같은 존재다.

얼리 챔피언은 기술에 능숙한 사람을 뜻하지 않는다. 오히려 새로운 것을 시도하려는 의지가 있는 사람에 가깝다. 교육 현장을 보면, 기술 역량이 높은 사람보다 호기심이 강한 사람이 먼저 손을 든다. 그리고 바로 그 호기심이 조직의 학습 속도를 결정한다.

중요한 점은 이 역할이 '자연스럽게' 생기지 않는다는 것이다. 조직이 의도적으로 만들어야 한다. 많은 조직이 "우리 회사에는 얼리 어답터가 없어요"라고 말하지만, 실제로는 그들이 드러날 구조가 부족한 경우가 많다. 새 도구를 시도할 시간, 실패해도 괜찮다는 허가, 그 과정을 공유할 장도 없다면, 의지가 있어도 움직이기 어렵다.

그렇다면 조직은 어떻게 **얼리 챔피언**을 발굴하고 지원해야 할까?

[1단계: 발굴] : 1개월

"최근 6개월 내 새로운 도구를 시도해 본 경험이 있습니까?"라는 질문은 단순한 조사가 아니다. 이 질문은 학습의 긴장을 어디에서 느끼고 있는지를 드러내는 지표다. 핵심은 '성공 경험'이 아니라 '시도 경험'을 묻는다는 점이다. 실패했더라도, 서툴렀더라도 해본 사람을 찾는다.

선발 기준을 직급이 아닌 의지로 두는 이유도 같다. 20년간 조직을 지켜보며 확신한 사실이 있다. 변화의 흐름은 위에서 아래로 떨어지지 않는다. 늘, 옆에서 번진다. 같은 층위의 동료가 "나도 해봤는데 괜찮더라"라고 말할 때, 사람들이 움직인다. 그래서 얼리 챔피언은 직급이나 부서를 가로질러 고르게 발굴해야 한다.

[2단계: 실험 및 학습] : 2~3개월

주 4시간의 실험 시간은 '여유'가 아니라 '허가'다. 조직 내 사람은 허가가 있을 때 움직인다. "업무 시간에 새 도구를 시도해도 된다"는 명시적 허가가 없으면, 대부분 퇴근 후 시간을 쪼개거나 아예 시도하지 않는다. 주 4시간이라는 구체적 시간은 "이것은 회사가 공식 지원하는 학습 과정"이라는 메시지다.

이 단계에서 가장 중요한 활동은 실패 공유다. 실패 공유는 단순 스토리텔링이 아니라 새로운 안전지대를 만드는 과정이다. "써봤는데 이런 점이 잘 안 됐어요", "우리 업무에는 맞지 않더라고요" 같은 이야기가 공개적으로 오갈 때, 조직에 심리적 안전감이 형성된다. 실패가 기록되는 조직은 흔들리지 않는다. 같은 실수를 반복하지 않고, 시행착오를 집단의 학습 자산으로 전환하기 때문이다.

[3단계: 확산] : 3개월 이후

쇼케이스는 이벤트가 아니다. 새 기술을 둘러싼 의미와 역할을 다시 쓰는 장이다. 얼리 챔피언은 "이 도구 이렇게 쓰세요"가 아니라, "우리 팀의 이 문제를 이 도구로 이렇게 해결했고, 과정에서 이런 점을 조심해야 한다"를 공유한다. 그 맥락 안에 실패의 기록, 협업 과정, 역할의 재정의가 모두 담겨 있다.

이 과정에서 챔피언은 자연스럽게 '내부 의견 선도자'가 된다. 기존 권위가 아닌 새롭게 쌓인 신뢰로, 직급이 높아서가 아니라 먼저 시도하고 솔직하게 공유했기 때문에 생긴 영향력이다. 이 영향력은 강요가 아닌 선택으로 작동한다. "저 사람이 해봤다니 나도 해볼까"라는 자발적 동기가 조직 전체로 퍼진다.

쇠도끼가 부족을 무너뜨린 이유는 도구 그 자체가 아니라, '누구에게 배우는가'가 바뀌었는데 그 변화를 함께 정리할 시간이 없었기 때문이다.

조직도 마찬가지다. 새 도구가 나오면 권력 구조가 재정렬된다. 누가 먼저 알고, 누가 먼저 쓰고, 누구의 말에 귀 기울이는가가 은밀하게 재배치된다. 그 움직임을 '개인의 몫'으로 남겨두면 혼란이 생기고, '조직의 의도'로 설계하면 연대가 생긴다. 얼리 챔피언 제도가 그 설계의 출발점이다.

도구가 위계를 흔든다

2020년 팬데믹 시기 전 세계가 Zoom과 Slack을 급히 도입했을 때, 많은 기업은 그것을 단순한 업무 도구의 변화 정도로 여겼다. 그러나 실상은 달랐다. Zoom 화면에서는 모두가 같은 크기의 네모칸에 들어가고, Slack에서는 발언자의 직급보다 메시지의 내용이 앞선다.

이 작은 변화의 결과는 컸다. 여러 글로벌 기업에서 **"온라인 회의 이후 주니어의 발언이 늘었다."**는 보고가 나왔다. 기술은 소리 없이 위계를 흔들고 있었다.

일요론트 부족의 성인 남성들이 쇠도끼를 받아들이지 못한 이유도 같다. 그들의 역할은 돌도끼에 묶여 있었다. 그들은 '도끼를 만드는 사람'으로 남았지만, 시대는 이미 '지식을 전하고 문화를 지키는 어른'이라는 새 역할을 요구하고 있었다. 역할 재정의가 이루어지지 않은 곳에서만 위계는 붕괴한다.

오늘의 조직도 같은 질문을 받는다. AI가 보고서를 작성한다고 해서 중간관리자가 사라지는 것은 아니다. 오히려 그들의 역할은 더 중요해진다. 문제를 정리하고, 판단 기준을 세우고, 팀의 방향을 잡는 일은 도구가 대신할 수 없다.

새로운 도구는 늘 같은 메시지를 보낸다. "이제, 당신의 '진짜 역할'을 다시 정의할 때입니다."

새로운 도구가 만드는 새로운 연대

여기까지 오면 한 가지가 분명해진다. 새 도구의 등장은 기술의 사건이 아니라 관계의 사건이라는 것이다. 지식의 흐름이 바뀌고, 그 속도가 인간의 두려움을 자극하는 장면을 보았다. 이제 드러나는 사실은 다음과 같다. 새 도구는 우리를 분열시키지 않고, 서로에게 다시 기대게 만든다.

누군가는 먼저 배우고, 누군가는 뒤에서 따라오고, 누군가는 그 과정을 정리한다. 이 모든 역할이 만날 때 조직은 앞으로 나아간다. 기술은 촉매일 뿐, 변화를 완성하는 것은 언제나 사람들 사이의 연대다.

새 도구가 등장할 때마다, 조직은 묻는다. "우리는 이번에도 함께 배울 수 있는가?" 그 물음에 '예'라고 대답해가는 과정이야말로 변화의 시대를 건너는 진짜 힘이다.

네 번째. 질문하는 집단만이 살아남는다

생존에 대한 공포

이 시대에 진짜 필요한 정보는 무엇일까. 나에게 필요한 지식은 무엇이며, 그 지식은 어디에서 얻을 수 있을까.

요즘 "검색 어디서 하세요?"라고 물으면 많은 사람이 망설임 없이 "ChatGPT요."라고 답한다. 예전에는 구글, 네이버, 유튜브가 기본이었지만, 불과 몇 년 사이 지식의 첫 관문이 완전히 바뀌었다.

하루는 이런 기사를 읽었다. 미국 스타트업 알레프 에어로노틱스가 개발 중인 비행 전기차 '모델 A'의 시험 비행에 성공했다는 소식이었다. 도로와 하늘을 오가는 1인승 전기 비행차, 30만 달러라는 만만치 않은 가격에도 전 세계에서 사전 예약이 3,000건을 넘겼다고 했다. 2026년부터 인도가 시작된다니, 정말 곧 누군가는 '하늘을 나는 자동차'를 차고에 두게 될 것이다.

하늘을 나는 제트 슈트도 대회까지 열릴 만큼 상용화의 문턱을 넘었다. 이런 소식을 보면 '나도 한 번 타보고 싶다'라는 설렘이 올라온다. 그런데 다른 소식을 접하면 마음이 복잡해진다. 임신을 대신하는 인공 자궁, 사람과 거의 구분되지 않는 피지컬 AI, 휴머노이드 로봇. 그 지점에 이르면 설렘보다 공포가 먼저 올라온다.

이 빠른 변화 속에서 누군가는 큰돈을 벌고, 누군가는 더 열심히 공부해 적응하고, 또 누군가는 "나랑은 안 맞는 것 같아요."라며 아예 등을 돌린다.

기업교육 현장에서도 비슷한 장면을 수없이 봐왔다. 코로나 시기 집합 교육이 전면 중단되자 많은 강사가 생업을 잃을 위기에 놓였다. 그때 누군가는 멈춰 섰고, 누군가는 새로운 길을 만들었다. 줌을 활용한 온라인 교육, 메타버스 연수, 비대면 코칭. 하루아침에 '교육은 대면이어야 한다'라는 상식이 깨졌다.

그런데 불과 1~2년 만에 메타버스는 거의 언급되지 않게 됐다. ChatGPT가 등장하면서 화제가 생성형 AI로 쏠리더니, 지금은 에이전트 AI, 피지컬 AI라는 다음 물결을 이야기한다.

자고 일어나면 새로운 기술, 새로운 개념이 쏟아진다. 혼자 서서 이 속도를 버티려 하면 두려움에 압도될 수밖에 없다. '나는 아무것도 모르는 것 같다'라는 감각이 사람을 금세 위축시킨다. 바로 이 순간, 우리에게 필요한 것은 더 빠른 학습이 아니라 함께 배우는 방법이다.

이 시대의 생존은 혼자 아는 사람의 것이 아니라 함께 배우는 집단의 것이다. 누군가와 같이 읽고, 같이 실습해 보고, 서로 질문을 주고받다 보면 낯설기만 하던 기술도 조금씩 내 언어로 번역된다. 생존에 대한 공포가, 함께 배우는 사람들 사이에서는 오히려 연대를 촘촘히 묶는 끈이 되기도 한다.

혼자서는 무너진다

세계경제포럼은 2025년까지 현재 직무의 절반 이상이 재교육이 필요할 것이라고 전망했다. 숫자만 보면 미래 예측 같지만, 현장에서 느끼기엔 그 미래가 이미 지금에 와 있다.

속도 앞에서 개인은 쉽게 압도된다. '나만 뒤처지는 것 같다', '이 나이에 이걸 다시 배워야 하나?' 이 생각이 마음에 자리 잡는 순간 학습은 멈춘다. 그리고 학습이 멈추면, 조직 안에서 나의 생존 가능성도 함께 줄어든다.

문제는 지식의 양이 아니다. **심리적 고립**이다. 혼자 유튜브 강의를 틀어놓고, 혼자 온라인 코스를 수강하고, 혼자 책을 읽을 때 우리는 그만큼 쉽게 포기한다. 모르는 부분이 생겨도 물어볼 사람이 없고, 진도가 밀려도 체크해 줄 사람이 없다. 무엇보다 "이 정도면 됐지"라고 스스로 축소할 때 말려 줄 사람이 없다. 결국 "다음에 하지, 지금은 너무 바빠"라는 말로 자신을 설득하고 공부를 내려놓는다.

심리학은 이 지점을 잘 알고 있다. 그래서 '사회적 책임감'이라는 개념을 말한다. 나 혼자와의 약속은 쉽게 깨지지만, 누군가와의 약속은 쉽게 깨지지 않는다.

월요일에 학습 메이트와 "이번 주에는 이걸 꼭 배워보자."라고 약속했다면, 금요일에 "아무것도 안 했어."라고 말하기가 쉽지 않다. 이 자그마한 어색함이 학습을 이어가게 만든다.

그래서 나는 많은 조직에 '페어 러닝(Pair Learning)'이나 '버디 매칭(Buddy Matching)'을 제안한다. 둘 혹은 셋이 짝을 지어 한 주 동안 배우고자 하는 것을 정하고, 일주일 뒤 서로에게 '어디까지 했는지, 무엇을 느꼈는지'를 나누게 한다. 중요한 것은 완성도가 아니다. '나는 지금 배우고 있다'는 상태를 함께 지켜보는 것이다.

질문이 팀을 똑똑하게 만든다

배우는 집단의 핵심에는 언제나 질문이 있다. 질문이 사라지는 순간, 학습도 멈춘다.

하버드 경영대학원 에이미 에드먼슨 교수의 '심리적 안전감' 연구를 보면, 팀원들이 실수나 질문을 자유롭게 나눌 수 있는 환경에서 조직의 성과가 더 높아진다는 사실이 드러난다. 특히 인상적인 결과가 있다. 의료 사고가 가장 적은 병동은 실수가 없는 병동이 아니라, 실수를 가장 많이 '보고'하는 병동이었다. 즉, 실수를 숨기지 않고 질문하고 공유할 수 있는 팀이 더 안전했고, 더 똑똑했다.

질문은 무지의 표시가 아니다. 학습의 출발점이다. 하지만 많은 조직에서는 질문이 위험한 행동처럼 느껴진다. "이런 것도 몰라?"라는 한 마디, "그건 기본 아니야?"라는 표정 한 번이 사람들의 입을 닫게 만든다. 경력이 쌓일수록 이 망설임은 더 커진다.

질문하는 문화를 만들려면 의도적 설계가 필요하다. 회의 때 '각자 질문 한 개'를 나누는 시간을 정례화하는 것부터 시작할 수 있다. 업무와 관련된 것이면 무엇이든 좋다. 당장 답을 찾지 않아도 된다. 중요한 것은 '이 팀에서는 이런 질문을 해도 된다'는 경험 자체다.

이렇게 나온 질문을 간단한 표로 기록해 두는 것도 좋다. 질문이 소모되지 않고 축적되게 만드는 것이다. 질문이 쌓이면 그 팀의 '집단 사고 지도'가 된다.

이 책이 탄생한 과정도 하나의 질문에서 시작됐다. 어느 날 동료가 내게 물었다. "그래서, 네가 진짜 하고 싶은 건 뭐야?"

그 질문을 붙잡고 오래 생각한 끝에 답이 나왔다. "나는 강사님들과 연대를 만들고 싶어. 서로 물어보고, 나누고, 도와줄 수 있는 사람들과 함께 있고 싶어." 그렇게 〈시도 프로젝트〉가 시작됐고, 이 책을 함께 쓰는 과정까지 다다랐다. 질문 하나가 집단 하나를 태어나게 한 셈이다.

배움의 언어: "괜찮아, 같이 해보자"

연대를 만들고 싶다면, 가장 먼저 살펴볼 것은 화려한 비전이 아니라 언어다. 언어는 단순한 전달 수단이 아니다. 문화를 만들고, 관계를 규정하며, 학습의 안전망을 만든다.

"그것도 몰라?", "요즘 세상에 그 정도도 못해?" 이런 말이 한 사람의 학습 의지를 꺾는다. '나는 여기서 질문하면 안 되겠다'라는 감각이 마음에 남으면, 그 사람은 점점 멀어진다.

반대로 이런 말은 사람을 붙잡는다. "괜찮아, 나도 처음엔 헷갈렸어.", "같이 한 번 해보자." 별것 아닌 말처럼 보여도, 이런 문장들은 팀의 바닥을 단단하게 받쳐 준다. '여기서 실수해도 괜찮다'는 감각이 생기면 사람은 다시 도전할 수 있다.

물론 좋은 말만 쓴다고 문화가 저절로 바뀌지는 않는다. 결국 연대의 언어 문화는 연습의 결과다.

팀원들과 함께 '**우리 팀에서 듣기 싫은 말**' 목록을 만들어 보자.

"이것도 몰라?", "내가 벌써 말했잖아", "아직 그것도 못해?" 같은 문장이 실제로 어떤 상처를 남겼는지 솔직하게 나눈다.

그다음에는 같은 상황에서 사용할 대체 표현을 함께 만든다.

"이것도 몰라?" 대신 "이 부분은 처음이지? 내가 천천히 설명해볼게", "내가 벌써 말했잖아" 대신 "헷갈릴 수 있는 부분이라 다시 한번 같이 정리할까요?" 등의 표현을 정리해둔다.

눈에 보이지 않지만 조직 문화를 움직이는 힘은 매일 오가는 말의 총합이다. "괜찮아", "같이 해보자", "좋은 질문이네", "나도 처음에 그랬어" 이런 말들이 쌓이면 신뢰가 되고, 신뢰가 쌓이면 연대가 된다. 반대로 불신의 씨앗도 말 한마디에서 시작된다. 그 말이 쌓이면 침묵이 되고, 침묵이 쌓이면 고립이 된다.

변화의 시대에는 배우는 조직만이 살아남는다. 그리고 진짜 배움은 언어가 안전할 때 가능하다. 오늘 우리 팀에서 오간 말은 어떤 말이었는가.

우리가 주고받은 말은 서로의 배움을 밀어줬는가, 아니면 위축시키고 침묵하게 만들었는가.

다섯 번째. One Big Mind, 생존을 넘어 진화로

1906년 영국의 통계학자 프랜시스 골턴은 한 시골 축제에서 작은 실험을 목격했다. 군중이 황소의 몸무게를 맞히는 대회였다. 787명이 각자 답을 적었고, 실제 몸무게는 1,198파운드였다. 결과를 모아 평균을 내보니 1,197파운드였다. 오차는 1파운드였다.

참가자 중에는 전문가도 있었고, 그냥 구경하던 사람도 있었다. 개개인의 추정은 제각각이었지만, 집단의 평균치는 그 누구보다 정확했다. 이 장면이 바로 '군중의 지혜'라는 개념의 출발점이다.

MIT 집단지성센터의 토머스 말론 교수는 집단지성을 "개인들이 함께 생각할 때 나타나는 집단의 인지 능력"이라고 정의한다. 서로 다른 생각을 연결해 하나의 거대한 두뇌처럼 작동하는 상태, 나는 이를 'One Big Mind'라고 부르고 싶다.

One Big Mind는 지식의 단순 '합'이 아니다. 생각을 실시간으로 공유하고, 한 아이디어 위에 다른 아이디어가 쌓이면서 1+1이 2를 훌쩍 넘는 순간이다. 우리는 공동 문서, 실시간 협업 보드, 그리고 AI와의 협력을 통해 이미 그 가능성을 손에 쥐고 있다. 남은 질문은 하나다.

"우리 조직은 이것을 실제로 구현할 준비가 되어 있는가?"

One Big Mind: 개인의 뇌를 넘어

미국 소프트웨어 회사 아틀라시안은 대부분의 프로젝트를 팀 위키 툴 Confluence에서 시작한다. 프로젝트 페이지 하나에 목표, 역할, 일정, 의사결정 과정이 모두 담기고, 팀원 누구든 동시에 편집할 수 있다.

한 제품 개발 프로젝트에서 이런 일이 있었다. 디자이너가 초안 스케치를 올리자 개발자가 곧바로 "이 부분은 기술적으로 구현이 어렵다."라고 코멘트했다. 그 사이 마케터는 "고객 입장에서는 이 기능보다 다른 기능이 더 중요해 보인다."라는 의견을 남겼다. 예전 같으면 회의 세 번, 2주가 걸렸을 협의가 하루 만에 정리됐다.

글로벌 협업·생산성 소프트웨어 회사인 아틀라시안의 한 제품 책임자는 말한다. "예전에는 개인이 생각하고 팀이 검토했습니다. 지금은 처음부터 팀이 하나의 뇌처럼 함께 생각합니다."

이를 위해 거창한 전략보다 작지만 분명한 전환이 필요하다. 보고서와 기획서를 '개인 문서'로 쓰지 않고 처음부터 공동 문서에서 쓰는 것, 최종본을 쌓기보다 프로젝트 진행 중 계속 업데이트되는 '살아 있는 문서'로 관리하는 것, 각자가 따로 정리하던 노트를 팀 위키에 공유해 개인 지식을 집단 자산으로 전환하는 것이다.

나 역시 이런 방식을 통해 변화를 직접 경험했다. 한 컨설팅 프로젝트에서 클라이언트 제안서를 Notion으로 공동 작성했다. 마케팅 담당자, PM 역할의 나, 함께 일하는 강사 네 분이 한 문서에 동시에 들어가 자기 섹션을 채워 넣었다.

기존 방식이라면 기획자 초안 작성부터 PM 검토까지 보통 10일은 걸렸다. 이번에는 첫날부터 서로의 문장을 실시간으로 보고 조율했다. 마케터가 "이런 흐름 가능할까요?"라고 남기면, 콘텐츠 담당자가 10분 안에 "가능한데, 이렇게 바꾸면 교육 만족도가 더 높을 것 같습니다."라고 답했다.

제안서는 4일 만에 완성됐고, 프로젝트를 수주했다. 그러나 더 큰 변화는 아이디어의 깊이였다. 한 강사님이 말했다. "혼자 쓸 때는 제 전문 영역만 떠올랐어요. 같이 쓰니까 다른 사람의 생각이 동시에 보이더라고요. 그러다 보니 현실적이면서도 더 창의적인 아이디어가 나왔어요."

Co-Intelligence: AI와 인간의 합주

2024년 타임지는 펜실베이니아대학교 와튼스쿨의 이든 몰릭 교수를 AI 분야에서 가장 영향력 있는 인물 중 한 명으로 선정했다. 그는 "우리 중 상당수는 이미 AI와 결합된 존재, 일종의 사이보그입니다."라고 말했다.

우리는 이미 AI를 옆에 두고 일하고, 글을 쓰고, 배운다. AI는 엄청난 속도로 데이터를 분석하고 패턴을 찾는다. 하지만 여전히 맥락을 읽고, 윤리를 판단하고, 의미를 부여하는 일은 인간의 몫이다.

음악으로 비유하면, AI는 정확한 박자와 음정을 제공하는 메트로놈에 가깝다. 반면 음악을 음악답게 만드는 것은 감정, 해석, 즉흥성이다. AI가 데이터를 정리하면 인간은 그 안에서 이야기를 읽어낸다. AI가 10가지 옵션을 제안하면 인간이 상황에 맞는 하나를 선택한다. 그때 비로소 합주가 완성된다.

현장에서 Co-Intelligence를 구현하는 방법은 의외로 단순하다. 먼저 AI에게 초안을 맡긴다. 고객 피드백을 주제별로 분류하거나 회의록을 정리하는 일은 AI가 잘하는 영역이다. 다음으로 팀이 함께 검토하며 질문한다. "AI가 놓친 맥락은 무엇인가?", "이 결과가 우리의 가치와 맞는가?" AI의 답을 무조건 믿지도, 무조건 의심하지도 않고 대화의 출발점으로 삼는 것이다. 마지막으로 인간이 결정하고, 다시 AI로 검증한다. 최종 선택과 책임은 인간이 지되, 우리가 선택한 이 전략을 실행하면 어떤 결과가 예상되는지를 AI에게 되묻는다.

중요한 것은 AI를 적으로도, 만능 해결사로도 보지 않는 태도다. 속도와 규모는 AI에게, 맥락과 판단은 인간에게 맡길 때 집단지성은 한 단계 위로 올라간다.

혁신 방정식 D×S×V

MIT 집단지성센터가 여러 조직을 연구한 결과, 집단이 똑똑해지는 데에는 일정한 패턴이 있었다. 놀랍게도 그것은 '똑똑한 개인이 많이 모였느냐'와는 크게 상관없었다. 진짜 차이를 만든 것은 다양성, 심리적 안전감, 실행 속도였다.

센터는 이 세 가지를 곱하는 방정식으로 설명했다.

'**혁신** = D × S × V'

왜 더하기가 아니라 곱하기일까. 셋 중 하나라도 0에 가까워지면 전체 결과가 무너지기 때문이다. 아무리 다양한 사람이 모여도 말을 못 하면 지식은 잠긴다. 아무리 안전한 분위기여도 실행하지 않으면 아이디어는 기록에만 머문다. 아무리 빠르게 움직여도 관점이 한쪽으로 치우치면 위험한 결정을 반복한다.

다양성은 같은 부서, 같은 배경의 사람만 모이지 않았는지 점검하는 것에서 시작한다. "이 분야는 처음이에요."라고 말할 수 있는 사람을 프로젝트에 한 명은 초대하자.

심리적 안전감은 회의에서 "이번 안건에 대해서는 모두 한 번씩은 이야기해봅시다."라고 선언하는 것만으로도 달라진다. "그건 안 될 것 같아요" 대신 "어떻게 하면 가능할까요?"라고 되묻는 습관이 안전감을 만든다.

실행 속도는 모든 프로젝트를 작은 단위로 쪼개 2주 안에 '보여줄 수 있는 결과물'을 만드는 원칙을 세우는 데서 온다. 완벽한 완성본이 아니라 피드백을 받을 수 있는 '첫 버전'을 빠르게 내놓는 것이다.

에어비앤비의 'Snow White Project'는 이 방정식이 어떻게 작동하는지 잘 보여준다. 성장 정체를 겪던 시기, 이들은 디자이너부터 호스트까지 다양한 사람을 한 팀으로 묶었다. CEO가 이 방에서 나온 아이디어는 실패해도 비난받지 않는다고 선언했고, 1주마다 프로토타입을 만들어 실제 고객에게 테스트했다. 3개월 동안 12번의 실험 끝에 사용자 온보딩 경험이 완전히 새로워졌다.

혁신은 운이 아니다. D×S×V라는 구조적 방정식의 결과다. 당신의 팀을 떠올려 보자. 우리는 정말 '다른 관점'을 가진 사람들이 모여 있는가? "모릅니다", "잘못했습니다"를 말하기 쉬운 사람들이 모여 있는가?

생존을 넘어 진화로

1969년 7월 20일, 인류는 달에 발을 디뎠다. 아폴로 11호 프로젝트에는 40만 명이 넘는 사람이 참여했다. 각자는 자신의 자리에서 일했지만, 전체로 보면 마치 하나의 거대한 두뇌가 움직이고 있는 것처럼 보였다. 문제가 생기면 서로 다른 분야의 전문가가 실시간으로 연결되어 해결책을 찾았다. 실패를 공유하고, 빠르게 배우고, 다시 시도했다. 그것이야말로 One Big Mind였다.

지금 우리가 마주한 현실은 그때보다 훨씬 복잡할지 모른다. 기술은 상상을 앞서가고, 시장은 예측하기 어렵고, 변화의 속도는 점점 빨라진다. 이 속에서 개인은 쉽게 무력해진다. 하지만 팀은 다르다.

One Big Mind는 멋진 구호가 아니다. 인류가 더 복잡한 문제를 풀기 위해 선택해 온 방식이다. 우리는 언어를 만들고, 도시를 세우고, 문명을 발전시키는 과정에서 언제나 집단지성에 기대 왔다. 이제 여기에 AI라는 새로운 파트너가 더해졌다.

Co-Intelligence는 AI가 인간을 밀어내는 미래가 아니라, AI와 인간이 함께 더 나은 미래를 설계하는 방식이다. 혁신 방정식

D×S×V는 그 여정의 나침반이다. 서로 다른 사람들이 모여, 안전하게 말하고, 빠르게 실행하고 배우는 조직은 단지 살아남는 데 그치지 않는다. 스스로를 끊임없이 업데이트하며 다음 단계로 진화한다.

당신의 조직은 어디쯤 와 있을까. 아직 개인의 경쟁에 머무르는가, 아니면 함께 생각하는 집단의 힘으로 나아가고 있는가.

생존을 넘어 진화로, 개인을 넘어 집단으로, 경쟁을 넘어 연대로 향하는 여정은 거창한 선언이 아니다. AI와 나란히 앉아 나누는 한 번의 대화, 동료에게 건네는 말, 함께 적어 내려가는 문서 한 페이지에서 모든 변화가 시작된다.

AI를 넘어서는 집단지성의 힘
함께 생각하는 인간 OneBigMind

초판 인쇄 2025년 12월 19일
초판 발행 2025년 1월 16일

지은이 이준오, 강한결, 이세경, 이채영, 조안나, 임지연, 이다인
펴낸이 이승용
펴낸곳 브랜드아카이브 BRAND ARCHIVE
마케팅 에코브랜드
이메일 changegg9@gmail.com
가 격 21,000원
ISBN 979-11-989372-2-3(03190)

*브랜드아카이브는 에코브랜드ECHO.BRAND의 출판 브랜드입니다.